DEVENIR AUTOENTREPRENEUR

ISBN 978-3-033-10118-0
© Charlotte Uvira, 2023
Tous droits réservés.

Éditions École des Formations Positives – Happyologie
Sonnhalde 4, 3063 Ittigen, Suisse

www.formations-positives.ch

DEVENIR AUTOENTREPRENEUR

Les 12 erreurs à éviter et
les solutions pour réussir votre projet.

CHARLOTTE UVIRA

TABLE DES MATIÈRES

À tous ceux qui hésitent encore :

*« Définissez le succès
avec vos propres termes,
atteignez-les avec vos
propres règles, et
construisez une vie que
vous êtes fiers de vivre »*
Anne Sweeney

INTRODUCTION

Ils sont toujours plus nombreux : les auto-entrepreneurs. Et quelle bonne nouvelle !

Chacun peut désormais rêver son projet, le nourrir, l'élever, le lancer. Les entreprises peinent toujours plus à embaucher, car la liberté est devenue la rémunération la plus recherchée. Liberté de croire en soi, liberté de donner vie au rêve qu'héberge notre esprit, liberté de vivre à son rythme, d'être présent pour sa famille, de s'éloigner d'un espace urbain pollué dont le trafic est saturé. Bref, l'auto-entrepreneuriat coche toutes les cases… ou presque. Car, parmi ceux qui décident de franchir le pas, seuls quelques élus réussissent.

Qu'ont-ils de plus que les autres ? Comment font-ils pour réussir leur envol, là où d'autres ne feront qu'un aller-retour sur la case départ ? Ont-ils des secrets, des habitudes, des conseils à partager ?

C'est le cas, mais on en parle peu. Quand on interroge les personnes désireuses de se lancer, elles imaginent que l'aventure sera relativement facile. La plupart dira qu'il faut une bonne idée, un site internet et surtout une belle présence sur les réseaux sociaux. Puis, avec un peu de chance, les choses se feront d'elles-mêmes, et l'aventure sera un succès. Cette manière d'approcher l'auto-entrepreneuriat est assez typique de notre époque et touche d'autres professions. Regardez un peu ! La plupart de ceux qui se lancent dans la comédie (métier passion, s'il en est !) ne s'imaginent pas dans les petits théâtres de quartiers qui les laisseraient relativement anonymes. Ils se voient en haut de l'affiche. Ils s'imaginent gagnant très bien leur vie, courtisés par les médias et le public, vivant une vie « facile ».

Ainsi, le candidat à l'auto-entrepreneuriat se lance-t-il pensant que sa formation (celle qui donne vie à son métier) ou son idée, associées à quelques faibles efforts (principalement électroniques), lui permettront d'atteindre le confort, le bonheur et l'équilibre dont il rêve. Il est très sensible aux images de vie « idéale », aux clichés luxueux pris sous les cocotiers ou dans des lieux paradisiaques de *self business men and women*[1] qui ont réussi et qui sont diffusés sur les réseaux sociaux. Il ne se rend pas compte que ceci est un décor de cinéma version Walt Disney, le plus souvent destiné à lui vendre quelque chose. Les coulisses des auto-entrepreneurs dont il est question ici, sont presque toujours différentes. Non pas qu'il soit impossible de vivre sous les cocotiers (vous avez droit aux cocotiers, vous aussi !) mais que pour y arriver, tout a été bien pensé, ficelé, calculé, maitrisé. Pour réussir et obtenir ces quelques minutes de vidéo de rêve, parfois devenues une réalité, ces personnalités n'ont rien laissé à la chance ou au hasard mais ont fourni d'énormes efforts, beaucoup de persévérance et de labeur, des investissements et l'application de quelques règles bien senties !

Être auto-entrepreneur, ça s'apprend. Il ne suffit pas d'avoir une formation de formateur, de coach, de styliste pour vivre à son compte. La partie « vivre à son

---

[1] *Self business men and women* peut être traduit par auto-entrepreneur.e

compte » a elle aussi besoin de la bonne formation, du bon état d'esprit, des bonnes habitudes, d'un savoir-faire, et tout cela s'apprend ou peut vous être transmis. C'est l'objet de ce livre !

Qui suis-je pour vous en parler ? Je vais me présenter à vous pour que vous compreniez pour quelles raisons je suis la bonne personne pour vous orienter dans la réalisation de votre projet, et pourquoi vous devriez me faire confiance en allant jusqu'au bout de ce livre. Mais, notez bien que je ne vous dirai pas tout. Non. Il faudra poursuivre votre apprentissage pour répondre de manière plus spécifique à vos besoins et aux particularités de votre projet.

Pour ma part, dans les pages qui suivent, je vais déblayer le terrain pour que vous réussissiez à y voir plus clair et commenciez à adopter le bon *mindset*[2]. Le bon état d'esprit, la bonne posture et les bonnes habitudes par rapport à votre projet d'indépendant, d'auto-entrepreneur, ou de chef d'une petite entreprise dont le principal collaborateur ne sera - au début au moins - que vous-même. Il ne sera pas question du statut sous lequel vous devez vous lancer et à propos duquel vous avancerez grâce à d'autres lectures et recherches qui dépendront notamment du pays où vous vous trouvez. Mon intention est de me dédier à vous expliquer les règles d'un autoentrepreneuriat qui s'appliquent où que vous soyez et, que vous feriez mieux de connaître et prendre en compte avant de vous lancer.

Je m'appelle Charlotte Uvira. A l'heure où je vous écris, j'ai 45 ans. Je suis à mon compte depuis 20 ans.

---

2 *Mindset* veut dire état d'esprit

Sur ces 20 dernières années, j'ai monté, lancé et dirigé 3 entreprises dont les vocations étaient diverses. Je l'ai fait en fonction de mes aspirations du moment, des réalités du marché quand je me lançais, de ma vie privée et de mes contraintes. Chaque entreprise a été un succès sans que cela ne veuille dire que je n'ai pas fait d'erreurs. Cependant, mes erreurs m'ont toujours permis de progresser. Toutes mes entreprises ont été rentables, se sont développées extrêmement rapidement, ont satisfait mes besoins matériels et ont nourri mes besoins de créativité, de sens, de contact humain, de développement, de liberté, et de cohérence avec mes valeurs.

Aujourd'hui, je dirige deux organismes de formation. Au sein de l'École des Formations Positives, nous formons les personnes désireuses d'accompagner les défis associés à la parentalité et à l'éducation des enfants. J'ai une entreprise en Suisse et l'autre en France. Je travaille de chez moi 10 à 15 heures par semaine et je prends entre 14 et 18 semaines de congé par an. J'ai deux enfants de 10 et 13 ans que j'élève seule les 2/3 du temps. J'ai 4 collaboratrices avec lesquelles je me sens intimement liée. Je me soucie particulièrement de leur offrir des conditions de travail « de rêve » en comparaison à ce qu'offre la plupart des employeurs. Pour moi, confort et équilibre de vie sont les clés d'une collaboration heureuse.

Toutes les semaines, je réserve une partie de mon temps à échanger et répondre aux questions de mes futurs clients. Pendant 30 minutes, je me mets à leur disposition afin de les orienter vers le choix de formation le plus judicieux pour eux, compte tenu de leur parcours et de leurs objectifs. Ce sont ces échanges qui ont fait la genèse de ce livre. En effet, la question qui m'est le plus souvent posée est : « Pourrai-je vivre de cette activité ? ».

Cette question est naturelle et témoigne autant de l'envie que de la peur qu'il y a à se tromper, à échouer. Les gens veulent être rassurés sur le fait qu'ils font le bon choix. Souvent, ils ont des enfants, une famille. S'ils sont salariés, leur revenu est parfois indispensable, ou bien il est un plus très attendu dans le foyer. Les enjeux sont importants.

Les gens m'interrogent et espèrent – bien entendu - que je leur répondrai « oui, vous pouvez en vivre ». Et de fait, comment pourrait-il en être autrement ? Mon domaine d'activité est l'éducation. En ce mois de Novembre 2022, la loi dite « anti-fessée » célèbre ses 4 ans. Malgré tout, 78% des Français déclarent encore avoir recours aux châtiments corporels, au moins occasionnellement, pour leurs vertus éducatives présumées. Et ce chiffre est à peu près identique en Suisse et en Belgique. Donc, bien entendu ! Je réponds que OUI, il y a de la place pour des coachs parentaux, car vraisemblablement, les parents ne savent toujours pas comment éduquer un enfant sans VEO[3].

Puis, pour répondre à cette question, je fais référence à ma propre situation. Puis-je dire que je ne vis pas de mon activité dans l'éducation positive ? N'ai-je pas moi-même gravi les échelons de coach, à formatrice, à directrice ? J'ai conscience que cela peut être agaçant à entendre, mais « si j'y suis arrivée, pourquoi pas vous ? ». Pourquoi une autre personne ne pourrait-elle pas y arriver aussi ?

---

3 VEO signifie Violence Éducative Ordinaire. Il s'agit du recours à une forme de violence pour obtenir l'obéissance des enfants.

Alors, approfondissons le sujet. Je ne réussis pas seulement, car mon domaine d'activité est dynamique et que je me soucie de réaliser avec qualité les missions qui me sont confiées. Je dispose aussi de certaines connaissances indispensables sur l'auto-entrepreneuriat. J'aime donc à dire qu'à « connaissances égales », il n'y a aucune raison pour que vous n'arriviez pas à atteindre vos objectifs. La principale source d'échec étant d'ignorer ce qu'il FAUT savoir. Ignorer les actions qui comptent vraiment, et celles qui sont peu efficaces. Répéter les erreurs classiques que des milliers de personnes font sans même le savoir, souvent parce qu'elles ne regardent que du côté du fameux décor Walt Disney au lieu de se demander : Que se passe-t-il en coulisses pour que le rêve se produise ?

Dans ce livre, je vais donc vous parler des coulisses. Je vais vous donner les secrets de ce que vous, moi et tous les autres communs des mortels devons savoir, comprendre, mettre en œuvre pour donner une vraie chance à notre projet d'auto-entreprise. Et de cette manière, j'espère que les chances de succès de votre projet augmenteront, que vous gagnerez du temps, que vous partirez avec un train d'avance, ou que vous pourrez déterminer par vous-même, si cette vie d'auto-entrepreneur, avec tout ce qu'elle implique, est faite pour vous ou non.

D'ailleurs, si nous commencions par briser le mythe ? La vie d'auto-entrepreneur ne convient pas à tout le monde et ne rend pas tout le monde heureux. Exactement comme certains ne se satisfont pas d'un travail en lieu clos, ont besoin d'espace, de peu de contacts voire de solitude, tandis que pour d'autres, c'est le contraire. Nous avons tous des besoins différents et l'autoentrepreneuriat ne satisfait pas tous les besoins.

Aussi, à ce stade, rien ne garantit que cette vie soit faite pour vous, et je veux que vous preniez ce livre comme une opportunité de le savoir. Une fois que je vous aurai expliqué ce qu'il en est, le temps viendra de vous autodéterminer et vous pourrez vous dire « Oui, cette vie est faite pour moi. Je fonce ! », ou « Non, je ne serais vraiment pas heureux à vivre ainsi », sans que cela ne déclenche une impression d'échec mais plutôt une attitude d'ouverture à l'opportunité de faire le choix de votre bien-être.

Pour développer mon propos, je vais mettre en lumière les 12 erreurs les plus communes et les plus problématiques que j'ai observées chez mes propres stagiaires à l'heure de lancer leur activité. Vous verrez que ce sont des erreurs très ordinaires, basées souvent sur des habitudes culturelles, des mésinterprétations et/ou des croyances populaires. Nous les démonterons pour avancer et découvrirons un autre état d'esprit et des approches plus effectives à mettre en œuvre. Ce livre n'étant pas destiné à transmettre un cours de marketing auprès de jeunes étudiants, mais de permettre au porteur de projet de se lancer, je m'exprimerai de manière accessible et directe.

De plus, j'attire votre attention sur le fait que cet ouvrage se destine à être l'outil idéal de celui qui désire se lancer sur un univers géographiquement limité, une région par exemple. Je m'adresse à un futur auto-entrepreneur qui ne désire pas créer (exclusivement) un business online automatisé [4], mais qui aspire à exister sur un territoire donné.

---

4 J'entends ici une activité qui se déroule exclusivement à distance sans réel contact humain, et qui n'est pas l'objet des recommandations de ce livre.

Si vous ressentez le besoin d'un accompagnement pas à pas, vous menant à travers toutes les étapes de votre lancement, notez que j'ai complété ce livre par une formation *Elearning* dédiée, et accessible à tous :

☞ **https://ezra.formations-positives.com/course/etre-independant.**

Dans cette formation, vous serez guidé pas à pas, étape après étape, vers la concrétisation de votre projet d'entreprise : votre marché, votre identité, votre positionnement, votre catalogue de produits et votre politique de prix, la création de votre site internet, la planification des ventes, le suivi de vos finances et la mise en place des indicateurs les plus importants, la communication et l'acquisition de vos premiers clients. Des vidéos explicatives assorties de fiches récapitulatives et des fiches de travail vous seront remises au fur et à mesure de votre avancement.

Je vous souhaite à présent une lecture instructive, et utile au succès de votre projet !

ERREUR N° 1
SE LANCER SANS BUDGET

J'ai grandi en France, dans les années 80 et 90. Comme chacun le sait, le monde n'est plus vraiment le même. En 1989, par exemple, une personne française désireuse de devenir son propre patron, devait en passer par la création d'une SARL (si elle avait des associés) ou d'une EURL (si elle était seule). Ce projet ne pouvait se concrétiser que par l'apport d'un capital social conséquent. En France, il fallait 50 000 francs au moins pour créer sa boîte. Tout le monde n'avait pas le privilège de devenir patron ! Mais, le lancement d'une entreprise s'organisait et se réfléchissait.

Heureusement, dans les années 2000, les barrières à la création d'entreprise sont progressivement tombées. Le marché de l'autoentrepreneuriat s'est libéré, rendant ce projet réalisable à moindre frais, pour toutes et tous. L'apport en capital a d'abord été réduit, puis il est devenu optionnel. Ainsi, il ne fut plus nécessaire d'avoir le moindre sou pour créer son entreprise.

Mais, que peut-on créer sans un sou ? Qui peut avoir un retour sur investissement, sans investissement initial ? Pour récolter, il faut bien semer. Et pour semer, il faut des semences. Qui est cet agriculteur optimiste qui n'a ni terre ni semence ? Quel est son avenir ? De même, qui est cette entreprise qui n'a rien dans ses caisses ? Quelle est sa marge de manœuvre et quel est son avenir, dans ces conditions ?

Une personne qui veut devenir livreur, doit avoir un vélo, une moto ou une voiture, doit payer son assurance, recevoir des appels téléphoniques. Un professeur de guitare désireux de donner des cours particuliers, doit avoir un instrument, des livres, une ligne téléphonique et peut-être, un site internet. Et, il doit faire savoir qu'il est capable et disponible. C'est un minimum.

La simplification de l'accès à l'auto-entrepreneuriat, qui s'est traduite par l'abandon des apports (en capital social), a réduit les nouvelles entreprises à n'avoir aucun pouvoir d'achat ni aucun pouvoir d'investissement, laissant croire que ceux-ci n'étaient pas utiles. Or, quand les caisses sont vides, l'activité à court et moyen termes est d'emblée menacée.

Dans le monde des services (qui est le premier créateur de nouvelles entreprises), la croyance selon laquelle on peut se lancer sans argent est tenace. Mais, la vérité - à comprendre et intégrer le plus tôt possible - est que votre entreprise, aussi petite soit-elle, va avoir besoin de dépenser de l'argent pour donner vie à son activité et ceci, mois après mois, pendant un certain temps, jusqu'à ce que les entrées comblent les sorties. Et, que ce n'est pas parce que la détention d'un capital n'est plus rendue obligatoire qu'il n'est pas absolument nécessaire d'en avoir un.

Un jour que je parlais avec une amie en train de se lancer, elle m'explique combien elle se sent découragée. Elle passe des heures chaque jour à « travailler » son acquisition de clientèle (nous y reviendrons), mais les clients ne viennent pas, en tout cas, pas assez pour vivre de son activité. Elle s'interroge et se demande si elle ne doit pas tout simplement « laisser tomber ». J'explore un peu sa situation et lui suggère de faire de la pub sur Google, ne serait-ce que pour 50€ par mois, afin de soutenir le référencement naturel de son site internet. Elle me répond qu'elle n'en a pas les moyens. Prenez note ! Si vous ne pouvez pas même payer 50€ par mois de publicité sur Google (à titre d'exemple), il est clair que votre entreprise n'a pas les capitaux nécessaires à son lancement. À moins d'un gros concours de circonstances, d'un alignement soudain des étoiles dans votre constellation, votre entreprise est vouée à l'échec.

La situation de l'entreprise ou du projet sans dot, est étrangement fréquente chez la plupart des personnes que je forme ou avec lesquelles je m'entretiens sur le sujet de la création d'entreprise. Il semble que ce soit une idée populaire dans le milieu du développement personnel. Il est donc important que vous reteniez cette première information d'une importance cruciale. L'absence de fonds disponibles est délétère pour votre lancement. Le démarrage d'une activité coûte de l'argent pendant plusieurs mois. Et, s'il est possible de lancer son activité avec peu d'argent, cela demande, en contrepartie, une énergie colossale que peu de personnes réussiront à déployer.

Dans le cas d'une entreprise de services, vous devrez compter au minimum avec un site internet, des outils de communication (Canva, Indesign, Photoshop), éventuellement des formations pour savoir les utiliser, une ligne internet et de téléphone, une adresse email, des visuels et peut-être des vidéos à acheter ou à créer, monter et diffuser (et peut-être, l'équipe technique ou la formation qui va avec), des frais de déplacement et des frais publicitaires. Si vous partez avec une capacité de dépense de 500€ par mois (loyer, et charges afférentes exclues) c'est un minimum raisonnable. Ceci étant conditionné à l'activité dans laquelle vous vous lancez. Si vos ressources sont moindres, votre entreprise semble mal engagée. Se lancer demande de l'argent. Plus vous disposez d'argent pour vous lancer (de l'argent dont vous savez faire bon usage et nous y reviendrons), plus votre entreprise a de chances de succès.

Trop souvent des personnes formées dans mon école mettent un budget conséquent pour les formations touchant à leur cœur de métier (l'éducation positive en ce qui nous concerne) et rechignent voire refusent d'investir le moindre penny dans les dépenses de développement de produit, de marketing et de commercialisation. Regardons la situation sous un autre angle. Viendrait-il à l'idée d'un réparateur de vélos électriques de miser sur sa seule formation de réparateur pour lui amener des clients ? L'évidence est qu'il a besoin d'un local dédié, d'outils et de machines, d'une enseigne accrocheuse, d'un peu de publicité, afin de dire à la Terre entière, « je suis là et je suis la bonne personne pour entretenir et réparer votre vélo électrique ! ».

Dans les métiers de la formation, du coaching, du développement personnel, on observe une perte de temps considérable à attendre que les clients arrivent, avec peu de vrais moyens déployés (nous reviendrons aussi sur ce que veut dire « vrais moyens »). C'est une erreur fondamentale à laquelle je vous invite à tordre le cou. Lancez-vous, oui ! Mais, ne vous lancez pas sans réserve dans vos poches. Mettez toutes les chances de votre côté en apportant des moyens de subsistance à votre projet. Pour certains, le temps n'est donc peut-être pas venu de se lancer, car les ressources manquent. Il s'agira de continuer à exercer un métier qui leur plaît peut-être peu, afin de réunir les capitaux nécessaires à la future nouvelle activité. Ce n'est pas un mal. Mieux vaut un lancement réussi qu'un lancement qui se répète, et ne permet pas de faire décoller l'entreprise.

À RETENIR

☆ L'erreur 1 est de se lancer sans budget.

☆ La bonne attitude est :
- o évaluer les besoins de votre projet au plus juste.
- o prévoir un budget qui vous permet de couvrir plusieurs mois d'activité.
- o remettre à plus tard votre lancement si vos ressources sont insuffisantes.

ERREUR N°2
PENSER QUE L'ON FERA ÇA « À CÔTÉ »

Nous venons de voir que la détention de capitaux est nécessaire. Le fait d'avoir réuni des fonds pour les investir dans votre projet montre que vous avez le bon état d'esprit. Vous prenez votre activité au sérieux, donc vous lui donnez dès le départ les moyens d'exister. Le chapitre précédent s'est ainsi terminé sur cette phrase qui résume ce principe : « Mieux vaut un lancement réussi qu'un lancement qui se répète ». Mais, dans la genèse d'une entreprise, il n'y a pas que le manque d'argent qui soit délétère. Il y a aussi le manque de temps. Car, votre projet d'entreprise est comme un nouveau-né. Il va vous demander un temps absolument considérable. Pour son avenir, vous devrez lui consacrer beaucoup de temps.

Si ce projet est le bon pour vous, cette idée ne devrait souffrir d'aucune objection. Au contraire, vous devriez vous sentir joyeux à l'idée de vous mettre à l'œuvre. Vous devriez l'avoir en tête en permanence, vous lever en pensant à lui, vous laver en pensant à lui, manger en pensant à lui, respirer en pensant à lui, et assommer vos amis à ne parler que de lui. Votre cerveau devrait être en ébullition. Votre temps devrait lui être dédié autant que possible et chaque minute que vous lui accordez devrait vous donner un regain d'énergie et non, vous en coûter. Si d'ores et déjà, la simple évocation du temps que vous allez consacrer à votre projet vous effraie, vous afflige ou vous épuise, n'allez pas plus loin. Le projet que vous hébergez n'est peut-être pas fait pour vous. ou bien c'est tout simplement la vie d'auto-entrepreneur qui ne vous convient pas.

Lors de mes échanges téléphoniques avec des personnes désireuses de se lancer, des mères actuellement au foyer m'expliquent : « je veux m'occuper de mes enfants et avoir une petite activité à côté ». C'est clairement le mauvais état d'esprit. Le lancement et la gestion d'une entreprise ne sont pas des passe-temps. On ne peut pas les mener à côté afin de s'occuper un peu et rendre sa vie plus stimulante. Aucune activité lucrative ne s'est jamais menée ainsi. Au contraire d'ailleurs. Toute tentative de lancer une entreprise basée sur ces dispositions mène à une perte d'argent (celui que l'on a investi) et à une perte de temps. De plus, l'effondrement se produit avec le sentiment de frustration intense d'avoir gouté à quelque chose de passionnant qui en raison de sa consommation de temps ne remplit pas sa mission d'être un à-côté. La personne aux commandes est déchirée entre sa vie de famille ou son autre emploi, et les besoins réels de son projet, ne trouvant plus de satisfaction nulle part. Mon expérience est qu'une entreprise considérée comme un à-côté périclite au plus tard dans les 3 ans qui suivent son démarrage, et qu'elle laisse un goût amer.

Si vous avez un projet qui vous tient à cœur, lancez-vous et donnez-vous-en les moyens. Si vous devez maintenir votre emploi actuel pour les besoins de votre foyer ou vos propres besoins, faites-le, mais prenez en compte que vos soirées et vos weekends devront forcément être attribués à la construction, au lancement et au développement de votre entreprise. Il sera donc question d'avoir une conversation avec tous les membres de la famille, puisqu'ils seront impactés et impliqués par votre projet, quelle qu'en soit sa nature. Vos enfants sont-ils en mesure de vous donner l'espace nécessaire ou sont-ils encore trop jeunes et dépendants ? Votre partenaire est-il prêt à vous soutenir, à prendre en charge la famille, pendant le temps où vous ne serez pas disponible ? Votre couple est-il assez solide (et solidaire) ? Va-t-il grandir ou souffrir d'une telle expérience ?

Le temps est un défi majeur de la vie d'auto-entrepreneur. Particulièrement, les premières années. Les journées ne faisant que 24 heures et les semaines que 7 jours, le temps que vous allez consacrer à votre projet est forcément – pour le moment - consacré à d'autres activités qu'il va falloir abandonner. Se lancer va donc signifier renoncer à cette partie-là de votre vie. Impossible d'ajouter du temps. Impossible d'ajouter une activité à un emploi du temps déjà rempli. Nous remplaçons une chose par une autre. Il faut être prêt à perdre, à renoncer, pour obtenir quelque chose de nouveau : la concrétisation de votre projet, qui est pour certains la mission de leur vie.

À RETENIR

☆ L'erreur 2 est de penser que l'on fera ça à côté.

☆ La bonne attitude est :
- être déterminé à vous consacrer à la réalisation de votre projet.
- renoncer à certains passe-temps, activités, moments qui vous occupent aujourd'hui pour vous donner le temps nécessaire.
- organiser d'emblée un vrai planning de travail.
- vous assurer que vous avez le soutien durable de vos proches pour supporter ou parer à vos absences.

ERREUR N°3
MANQUER D'AUTODISCIPLINE !

Contrairement à ce que l'on pourrait penser, avoir la chance de vivre de sa passion ne signifie pas que l'activité est en permanence source de plaisir. Logiquement, elle devrait donner plus de plaisir que celle que l'on a quittée, mais le plaisir n'est pas tous les jours au rendez-vous.

Certaines tâches sont pénibles, longues, rébarbatives, inintéressantes. Par exemple, un coach ressent moins d'enthousiasme à tenir sa comptabilité qu'à accompagner un client. Le manque de compétences dans un domaine rend les résultats longs à obtenir et peu satisfaisants. Pour beaucoup d'auto-entrepreneurs, faire sa communication est source de stress. Rappelez-vous mon vendeur de vélos des pages précédentes ! Il préfère évidemment bricoler plutôt que s'asseoir pendant des heures devant un ordinateur pour tenter de créer son dépliant ! Pourtant, il va falloir communiquer, comme il va falloir faire sa comptabilité. Et d'ailleurs, concernant ce dernier point, à tous ceux qui sont allergiques aux chiffres, je recommande de développer un minimum de sensibilité à les manipuler. Votre entreprise est supposée générer de l'argent. Maîtriser vos sorties, bien gérer vos prix et avoir à l'œil que vos entrées se destinent à dépasser vos dépenses sera fondamental pour la suite de votre projet, et nous y reviendrons.

Le problème avec les activités que l'on n'aime pas, c'est que si personne ne nous oblige à les faire, on peut se retrouver à ne pas les faire du tout. Au contraire du salarié, membre d'une équipe, qui répondra quoiqu'il arrive aux demandes de son patron, l'auto-entrepreneur, lui, peut « faire l'autruche », « oublier » ou reporter à plus tard ce qu'il n'aime pas ou ne maîtrise pas.

Comme l'enfant qui - s'il n'y est pas obligé - ne cherche pas améliorer son orthographe, l'auto-entrepreneur, n'étant attendu par personne, a facilement tendance à délaisser ce qu'il aime moins au profit de ce qui lui plaît ou lui est plus facile. En plus, il a réellement beaucoup de choses à faire alors, il pourra présenter ses manquements comme de malheureux retards ou concours de circonstances. Cependant, sans une vraie discipline, c'est la viabilité de son projet qui est en péril.

Par exemple, à l'heure où j'écris ce livre, les auto-entrepreneurs en train de lancer leur activité perdent un temps faramineux sur les réseaux sociaux. Ils y passent de longues heures chaque jour, pour tenter de se faire connaître, avec des résultats plutôt médiocres, persuadés que c'est là que se trouve l'eldorado de la reconnaissance et de la notoriété pour leur entreprise. En même temps, le support est convivial et résout le syndrome de solitude face à la page blanche, grâce à des distractions à profusion. Et puis, c'est gratuit (ce qui consolide encore la croyance qu'il est possible de se lancer sans capitaux). Voilà qui fait que nos auto-entrepreneurs en devenir s'y retrouvent, s'y perdent et y tournent en rond.

En les interrogeant, beaucoup m'ont confié qu'être activement présents sur les réseaux sociaux, leur donnait l'impression de se consacrer effectivement au lancement de leur entreprise, tandis que par ailleurs, ils ignoraient comment communiquer, ou bien n'en avaient pas les moyens. Les plus honnêtes ou les plus réalistes ont aussi reconnu que la tâche « réseau social » était l'une des plus attrayantes de la longue liste des actions à mener pour se lancer. Une liste peuplée de tâches complexes, nécessitant des efforts intellectuels, de concentration, de travail et de formation. Bref, nous sommes en plein dans la procrastination : Faire un peu de ce qui n'apporte pas grand-chose (mais qui est facile) - au lieu de faire ce qui compte vraiment (mais qui est difficile).

Une activité cache une procrastination dès lors qu'elle devient le prétexte à ne pas s'atteler à ce qui compte vraiment. Par exemple, dans le contexte du lancement de votre entreprise nos priorités sont la construction d'une identité d'entreprise, la création d'un catalogue de produits cohérent, d'un design attrayant et moderne, d'une tarification intelligente, d'une politique d'acquisition et de fidélisation des clients claire, des prises de contacts avec de potentiels partenaires, institutions, entreprises locales, l'établissement de partenariats choisis, la publicité de vos services au plus proche de votre cible.

Je comprends que l'on ne soit pas tous des *marketeurs*[5], et je comprends que ces questions puissent en refroidir plus d'un, mais si vous avez décidé de devenir auto-entrepreneur, il va falloir vous intéresser de près à tout ce qui fera désormais votre métier, sans rien mettre de côté.

Si vous avez beaucoup de capitaux, félicitations ! Vous pouvez décider de vous entourer de personnes qualifiées et capables de penser ces questions à votre place. Vous leur communiquerez votre vision et ils lui donneront vie. Si cependant, vos capitaux sont limités, vos investissements doivent être choisis. Vous allez donc probablement surfer entre ces 4 alternatives :

---

5 *Marketeur* signifie professionnel du marketing

- Faire les choses vous-même quand vous en avez les compétences.
- Vous former pour apprendre à réaliser vous-même certaines tâches quand vous n'avez pas les compétences requises.
- Acheter des programmes informatiques qui réalisent certaines tâches à votre place.
- Déléguer à une personne qui exécutera diverses actions pour vous.

Comme vous l'aurez compris, la différence entre la première option et la dernière réside dans son prix.

Dans mon cas, j'ai fait le choix de me former dans certains domaines, car il me semblait qu'ils mettaient en œuvre des compétences très usitées de mon métier. Par exemple, développer du contenu par l'image, la vidéo, créer et maintenir un site internet sont des compétences que j'ai voulues acquérir très tôt. Quand mon activité s'est complexifiée et que mes demandes en technologie ont augmenté, j'ai opté soit pour l'achat de programmes informatiques dédiés (coûteux mais fiables), soit pour le recrutement de sociétés spécialisées. Quant à certains domaines, je ne me vois pas tout simplement pas m'y consacrer. Il m'en couterait trop en temps et en agacement, avec la perspective de résultats médiocres. C'est le cas de la comptabilité, ou des contacts avec les administrations publiques que je délègue en totalité.

Les chemins pour mettre en œuvre les actions nécessaires au développement de votre entreprise sont donc variés. Mais, vous l'aurez compris, une option est exclue, celle de ne pas vous y atteler. En tant qu'auto-entrepreneur, vous devenez tout à la fois votre propre chef et votre premier collaborateur. Vous devez piloter votre entreprise, réunir des qualités comme la vision créative, et l'orchestration du développement et ses étapes, mais vous devez aussi avoir la discipline du meilleur collaborateur que vous puissiez avoir, qui ne rechigne jamais à la tâche et accomplit ce qui est attendu de lui.

À RETENIR

☆ L'erreur 3 est de manquer d'autodiscipline.

☆ La bonne attitude est :
- o être discipliné. Ne pas se donner de liberté ou de choix. Faire ce qui doit être fait.
- o se méfier de la tendance à procrastiner en particulier, en vous consacrant à des tâches peu importantes mais qui vous plaisent, plutôt qu'à des tâches essentielles qui vous plaisent moins. Nous y reviendrons.
- o se soucier d'organiser des solutions pour traiter les tâches que vous avez identifiées comme plus difficiles à mettre en œuvre, que ce soit en raison d'un manque de connaissances, de compétences, de ressources, ou de motivation.

ERREUR N°4
CONFONDRE SON MÉTIER AVEC CELUI DES AUTRES

Nous avons vu que gérer la diversité des tâches qui nous incombent, sans leur tourner le dos, est une nécessité. Mais, attention à bien distinguer ce qui est de notre ressort et ce qui ne l'est pas. Une erreur courante - qui découle de l'envie de bien faire de nombreux nouveaux auto-entrepreneurs - est la confusion des métiers qui implique une dispersion du temps et de l'énergie rendant impossible le maintien d'une efficacité durable.

Dernièrement, j'ai proposé aux personnes formées dans notre école une réunion gratuite pour évoquer le lancement de leur activité. Je leur ai naturellement demandé où elles en étaient et comment elles menaient cette mission.

Trois quarts d'entre elles s'activaient pour se faire connaître et les deux tiers utilisaient presque uniquement les réseaux sociaux pour y arriver. Elles passaient 12 heures ou plus par semaine dans le développement de supports destinés au réseau social de leur choix (vidéo, diaporama, image, infographie, article…), à les diffuser, les partager, puis elles observaient dépitées le peu de répondant obtenu. Cette situation m'a vraiment interpelée. Je me suis dit « Ce n'est pas leur job ! Il y a erreur ». En effet, notre école ne forme pas de *Community Manager*[6], mais bien des

---

6 Intitulé de métier consistant à gérer la présence d'une entreprise ou d'une marque sur les réseaux sociaux.

accompagnantes ou coachs parentales. Comment se faisait-il qu'elles glissent ainsi d'un métier à l'autre ?

Permettez-moi de faire à nouveau référence à l'époque révolue dont je viens. Quand la création d'une société avec apport de capitaux était obligatoire, le projet d'entreprise devait être mûrement réfléchi. Les enjeux qu'impliquaient les investissements rendaient la démarche de réflexion et de définition de projet incontournable. Ainsi, la question de l'objet de l'entreprise et de ses moyens se posait vraiment et les statuts indiquaient au public qui était l'entreprise, ce à quoi elle aspirait et comment elle allait gagner de l'argent.

L'auto-entrepreneur d'aujourd'hui semble bâcler cette étape et ceci a des conséquences fâcheuses sur la suite de son aventure entrepreneuriale. Il devrait prendre le temps de s'arrêter sur l'étape si importante de la définition de son projet. C'est-à-dire formuler l'objet de son activité et les moyens d'y parvenir (pour ensuite s'y limiter), même si la forme d'entreprise qu'il s'est choisie (SARL, microentreprise, libéral ou autre selon les pays) ne l'oblige pas à une grande précision au moment d'officialiser son activité.

Que désirez-vous faire ? Quelle est l'ambition (l'objet) de votre entreprise ? Par quels moyens allez-vous y parvenir ? Comment votre projet va-t-il générer des profits ? Si je reprends l'exemple précédent du coaching parental :

- Son objet est d'accompagner les parents vers une amélioration des relations qu'ils entretiennent avec leur enfant.
- Le coach parental réalise cette mission lors de consultations, d'ateliers, de conférences, basés sur les connaissances et compétences qu'il a

développées. C'est le moyen par lequel il parvient à remplir sa mission.
- Pour rendre son projet rentable et en vivre, il vend ses prestations.

Passer douze heures hebdomadaires à produire du contenu gratuit sur les réseaux sociaux n'est pas compatible avec la mission du coach parental, puisque si notre coach travaillait 5 heures par jour, il ne pourrait s'adonner à cette activité et elle n'aurait aucun sens pour lui. Passer douze heures hebdomadaires sur les réseaux sociaux est en soi un métier. Le métier de Community Manager.

De même, quand le coach parental développe son site internet, son intention n'est pas de le monétiser grâce à des publicités. Dans la plupart des cas, son site est destiné à présenter son entreprise, son catalogue de services, ses tarifs, les coordonnées de la société. Il cherche à délivrer de l'information utile au parent qui ainsi pourra l'identifier comme la bonne solution – à acheter – pour solutionner le problème rencontré.

Pour revenir aux réseaux sociaux, si mon auto-entrepreneur était *Community Manager*, l'objet de son activité serait la promotion d'une marque, d'un produit, d'un site, via les réseaux sociaux. Les réseaux sociaux seraient alors destinés à rendre visibles des produits ou des sites, pour améliorer leur vente ou leur trafic. C'est un métier à part entière dont il faut connaître les rouages. Cela passe par des investissements publicitaires. Cela ne s'improvise pas et prend un temps considérable. Les entreprises emploient donc des personnes pourvues des compétences requises pour mener à bien cette mission. Un coach ne peut pas le faire correctement (car ce n'est pas son métier) et parce que cela le détournerait de sa mission (accompagner les parents) et des moyens qu'il a définis pour accomplir cette mission (consultations, ateliers, conférences…).

Un auto-entrepreneur qui se lance comme « diffuseur de contenus », est dans une situation encore différente. Finalement son travail est comparable à celui des journalistes, auteurs, experts. Il consiste à compiler, agrémenter ou produire de l'information sur un sujet qu'il maitrise ou qui le passionne (développement personnel, voitures, beauté, voyages) et le relayer via différents supports (réseaux sociaux, référencement naturel sur les moteurs de recherche, …) afin de mener le lecteur à le rémunérer indirectement pour son travail grâce à un site gavé de publicités, où les clics que le lecteur fera, déclencheront des revenus, ou bien par les revenus que des entreprises lui versent pour parler de leurs produits.

Un coach peut décider d'accomplir sa mission par ce moyen. Il renoncera alors généralement à l'accompagnement « en réel » (ou le facturera très cher) et préférera vendre des vidéos pré-enregistrées (*Elearning*) qui n'impliquent plus d'intervention de sa part. C'est évidemment une possibilité, mais cela doit être défini en amont dans son projet d'entreprise. Les journées ne faisant que 24 heures, et l'entrepreneur étant encore collaborateur unique de son entreprise, il est inenvisageable ou périlleux de développer seul, plusieurs modèles économiques.

Nous voyons bien que le coach parental, le *Community Manager*, et le diffuseur de contenus ont des métiers différents, même s'ils peuvent avoir en commun le sujet qu'ils abordent, par exemple, quand il s'agit d'éducation positive. Leurs objets se ressemblent, mais les moyens d'y parvenir sont très éloignés et – surtout - leur modèle économique met en œuvre des compétences et outils complétement différents.

À toute personne désireuse de s'installer à son compte, je conseillerais donc de faire attention à bien définir son projet en amont, et à ne pas convertir un moyen (publier sur les réseaux sociaux pour partager son actualité, par exemple) en une finalité (devenir diffuseur de contenus).

Un moyen de se faire connaître doit pouvoir être maintenu dans le temps quel que soit le volume de tâches rémunératrices accomplies. Il y a glissement du moyen vers la finalité si on peut estimer que les actions accomplies deviendraient impossibles à maintenir en cas de succès du développement de l'activité de base (par exemple, accompagner les parents en ce qui concerne notre coach parental).

Et, cette règle ne se limite évidemment pas aux réseaux sociaux. Par exemple, il arrive aussi que des personnes formées à nos méthodes d'accompagnement des parents (je parle des outils développés au sein de notre école) décident de créer de nouveaux ateliers. Si nous nous concentrons à nouveau sur l'objet de l'activité et les moyens d'y parvenir, on comprend que « Transmettre et Accompagner » ce n'est pas « Développer ».

Le développement de produits de formation est de l'ordre de 2 domaines de compétences : la didactique et le marketing. Celui qui a des notions de didactique peut développer un produit de formation, mais in fine, s'il veut le vendre plusieurs fois, il devra penser son produit en termes d'emballage (design, logo), de politique de prix (prix de base, promotion, fidélisation), de cible, de lieu (moyens de délivrance), d'avantages compétitifs, de diffusion, etc. À nouveau, si nous sommes dans l'exemple du coaching parental, nous sommes en train de nous éloigner du moyen prévu à l'atteinte de l'objet.

Nous glissons vers le métier de chef de produit, qui implique la maîtrise d'autres compétences que celles du coach parental.

En effet, ce qui fait qu'un produit est bien calibré en termes marketing est la possibilité de le revendre tel quel, des milliers de fois. Pour clarifier cette idée, prenons l'exemple d'un produit physique que tout le monde connaît : la chaussure de sport.

Imaginons un cordonnier. Il est capable de réparer une chaussure de sport comme le coach est capable d'animer un atelier pour parents.

Mais, il existe quelques cordonniers qui en raison de leur talent et de leurs ressources (machines, formation, etc.) ont une compétence supplémentaire : ils sont capables de créer une chaussure sur-mesure, parfaitement adaptée à votre pied. Ainsi, pour chaque nouveau client désireux d'avoir une chaussure sur mesure, un nouveau processus de création et conception est lancé. Pour comparer avec notre coach, il s'agirait de celui qui aurait des compétences avérées de didactique et créerait un atelier sur-mesure répondant à la demande spécifique d'un client unique (une association, par exemple).

Puis, il y aurait un petit nombre de cordonniers créateurs et producteurs qui, en raison d'autres ressources qu'ils détiendraient (machines, formations, collaborateurs, etc.) sauraient créer et vendre un produit plus générique, c'est à dire une chaussure de sport qui satisferait une bonne fois pour toute des milliers de clients. Ils définiraient d'emblée leur produit en termes de qualité, design, performance, réponse à un besoin, valeurs partagées, prix, promotion, cible, commercialisation, communication. C'est par exemple ce que fait Nike®, et c'est sur ce principe qu'un coach parental, disposant des compétences de didacticien et de chef de produit, développerait et commercialiserait un atelier générique, destiné à des milliers de parents.

Aujourd'hui, dans le milieu de l'auto-entrepreneuriat, il y a une tendance à confondre les métiers, qui met en péril le succès des entreprises. Comme c'est le cas de la confusion entre le métier de coach parental et le métier de chef de produit. Beaucoup de coachs perdent un temps incroyable à travailler sur des tâches dont ils n'ont pas les compétences et qui dépassent l'objet de leur entreprise, et se retrouvent déçus des résultats.

Mon conseil est donc le suivant : définissez en amont ce que vous voulez faire (l'objet de votre entreprise) et quels seront les moyens d'y parvenir et d'en faire une activité rentable pour vous. Utilisez ce que vous savez de vous (j'aime/ j'aime pas, je suis bon dans ça/ je ne suis pas bon dans ça…). Utilisez vos expériences passées et identifiez vos compétences avérées. Puis, réalisez l'objet de votre entreprise par les moyens décidés et restez-y solidement. Si, par la suite, vous pensez qu'un glissement est opportun, il est tout à fait approprié que vous identifiiez des perspectives et potentiels de développement dont il faut profiter. Mais, cela doit faire l'objet d'une décision prise en conscience, car vous devrez vous préparer à repenser profondément votre modèle économique et votre stratégie.

À RETENIR

☆ L'erreur 4 est de confondre son métier avec celui des autres.

☆ La bonne attitude est :
- o bien définir l'objet de votre entreprise, sa mission et les moyens d'y parvenir.
- o bien identifier votre modèle économique : comment vous gagnez de l'argent.
- o ne pas glisser vers un nouvel objet, de nouveaux moyens, un nouveau modèle économique sans avoir retravaillé la totalité de votre projet.

ERREUR N°5
DEVENIR UN HYPER-SPÉCIALISTE

Vous avez identifié qu'un groupe de personnes avait des problématiques très spécifiques auxquelles il fallait répondre. Naturellement, vous vous dites que plutôt que de faire comme tout le monde et d'être noyé dans la masse des offres qui se ressemblent, vous allez d'emblée vous intéresser à satisfaire leurs besoins et vous spécialiser. Comme il s'agit d'un niveau élevé de spécialisation, on parlera de spécialisation de niche. Cela pourrait donner ceci :

- Coach des familles d'enfants multiples (jumeaux, triplés).
- Expert du sommeil de la femme enceinte.
- Producteur de bière artisanale locale à la cerise.
- Créateur et producteur de culottes menstruelles.

Il est clair que ces offres s'adressent à un groupe d'individus qui existe et répondent à des besoins réels. L'existence d'un marché est donc avérée. Cependant la question qui se pose est : Quelle est la taille de ce marché ? Ma cible ne recherche-t-elle pas un premier besoin plus général tandis que le besoin spécifique serait plutôt un avantage additionnel ? À quel point le général et le spécifique se chevauchent-ils ? Les « vrais » acheteurs potentiels sont-ils assez nombreux pour générer suffisamment de ventes ? Leur demande est-elle suffisamment différentiée pour qu'eux-mêmes le perçoivent ? Par exemple, combien de familles de jumeaux identifient que leur problématique dépend entièrement du fait d'avoir des jumeaux ? Que va devenir le parent « classique » dont l'enfant s'oppose s'il se retrouve sur un site pour parents de jumeaux ? Du coup, est-ce que je n'exclus pas plus de clients potentiels que je n'en accueille ? Si mon marché est déjà occupé par de gros acteurs, pourquoi n'ont-ils pas répondu à cette demande spécifique ? Y a-t-il un gros groupe au-dessus de moi qui serait ravi de l'étude de marché *in vivo* que je vais lui offrir et qui - à coup de gros moyens (pour moi) et d'un petit budget (pour lui) - viendra récupérer le fruit de mon travail avec une offre mieux conçue et moins chère ? Pour que vous y voyiez plus clair chers lecteurs, je fais ici référence aux groupes H&M, Marks & Spencer, Dim qui n'ont pas suffisamment remercié les quelques auto-entrepreneures passionnément inspirées qui ont testé le marché des culottes menstruelles en leur faveur, et leur ont permis de se décider à investir ou non sur ce marché. Pour quelles raisons mon idée de spécialisation, qui semble si simple, n'a pas déjà été mise à exécution par les acteurs en présence ?

Nous sommes des millions d'individus, tous désireux de jouer un rôle, de faire quelque chose qui a du sens. Nous ne sommes jamais à l'abri d'avoir une idée unique et génialissime à laquelle personne n'avait pensé, mais c'est relativement rare. Donc si cela n'a pas été fait, ou n'est pas connu, c'est peut-être qu'il y a une raison : celle que ce n'est pas rentable (pour quantité de raisons : marché trop petit, production trop couteuse, circuits de distribution inexistants...).

À ce stade, vous pouvez penser que c'est frustrant ! Que – dans ce cas – ce n'est pas possible de se lancer, parce que d'un côté, on risque de faire comme tout le monde et d'un autre, on risque de ne pas avoir assez de clients. Heureusement, tout n'est pas si noir. C'est juste que tout est cohérent et que ce dont vous avez besoin, c'est comprendre par quel bout prendre les choses.

Donc, oui, la bonne nouvelle est que vous pouvez vous engager dans la voie d'une spécialité ! C'est intéressant. Vous marquerez davantage les esprits et serez moins noyé dans la masse. Cependant, dans la majorité des cas (partons d'un bon 98%), votre spécialisation devra être un ajout à une offre plus généraliste qui satisfait tout le monde. Ainsi, en reprenant les exemples précédents, je proposerais que vous soyez :

- Coach parental avec une spécialité « jumeaux ».
- Expert du sommeil avec une spécialité femmes enceintes.
- Producteur de bière locale et artisanale avec sa fameuse bière à la cerise !
- Créateur et producteur de culottes belles, confortables et sexy doté d'une offre unique de culottes menstruelles.

De cette manière seulement, vous récupérez les clients qui s'identifient au problème général que vous solutionnez, et accueillez la clientèle demandeuse d'une connaissance ou d'une compétence spécifique, qui la concerne plus particulièrement.

Pour poursuivre ce chapitre, parlons plus précisément de votre « cible », ces acteurs économiques auxquels vous adressez vos produits.

Soyez vigilants à ne pas confondre votre marché et vos acheteurs potentiels. Tout le marché ne deviendra jamais votre client. C'est important à comprendre, car à défaut, vous commettriez des erreurs d'appréciation graves qui impacteraient votre projet. Par exemple, si vous êtes coach parental, la totalité des 8 millions de familles françaises avec enfant ne sont pas vos clients potentiels et encore moins des clients de « votre » offre. De même, ce n'est pas parce que la France recense 1,6 millions de familles de jumeaux, qu'il serait rentable de créer une entreprise fondée sur la prestation d'un unique service de coaching à destination de ce groupe. Dans la réalité, seule une part limitée d'un marché est concernée, intéressée et disposée à payer un service ou un produit *lambda*. Il s'agit de l'identifier.

Ainsi, le contour de vos acheteurs potentiels demande à être cerné et vous devez vous assurer que leur nombre est suffisant pour que votre projet d'entreprise soit viable. Plus le segment d'acheteurs potentiels est réduit, plus nous sommes sur de petits volumes et des tarifs élevés. Il faut alors nous assurer qu'il existe effectivement des individus, avec lesquels nous sommes en mesure d'entrer en contact, qui sont à la recherche de notre produit et ont les moyens de se l'offrir.

Pour transposer cette logique au coach parental : Ses acheteurs potentiels seront plus sûrement de jeunes parents, habitant dans sa région, appartenant à une certaine CSP[7], disposant de certains revenus, se retrouvant autour de certaines valeurs culturelles et morales, parlant une certaine langue, ayant certaines habitudes de déplacement, de loisir et d'achat, et qui préfèreront son offre à celle d'un concurrent. C'est à eux que son produit sera vendu, c'est donc à eux qu'il devra adresser ses messages.

Ceci implique qu'il comprenne ce qui entre en concurrence avec son offre. Penser que la concurrence se limite aux autres coachs parentaux serait une erreur.

---

7 CSP : Catégorie Socio-Professionnelle

Pour identifier qui est en concurrence avec nous, il nous faut comprendre comment aujourd'hui, nos acheteurs potentiels satisfont – sans nous - le besoin auquel nous proposons de répondre.

Allez ! Faites une pause et tentez de répondre seul à cette question, pour votre propre métier ou projet. Comment vos acheteurs potentiels satisfont-ils aujourd'hui le besoin auquel vous proposez de répondre ?

Vous y êtes ? Voici - par exemple - comment des parents en difficulté avec leur enfant répondent à leur besoin de vivre plus de bien-être sans faire appel au service de coaching parental de Julien Bredouille (inventé pour l'exercice) :

- Livres sur l'éducation.
- Documentaires, vidéos, articles accessibles gratuitement sur internet.
- Écrans : Nintendo Switch®, jeux vidéo, programmes pour enfants (au moins quand l'enfant est devant un écran, les problèmes disparaissent).
- Offres de garde d'enfants (garderies, activités extrascolaires, cours de soutien, baby-sitting…) présentes sur le marché ou disponibles dans son entourage. Si le parent a du mal à vivre avec son enfant, il peut le faire garder plus longtemps et parfois sans rien débourser. Pendant le temps de garde, le problème ne se pose plus.
- Solutions de soutien à la famille similaires à celle de Julien, présentes sur le marché : Ateliers organisés par la CAF, ateliers et consultations délivrées par d'autres coachs, etc.
- Conseils des autres parents d'enfants du même âge.
- Consultation chez le psychologue, le thérapeute familial, etc.
- Faire l'autruche et attendre que ça passe.
- Etc.

Ce qu'il faut comprendre ici, c'est que le parent qui est dans le cœur de cible du coaching parental de M. Julien Bredouille et qui est un acheteur potentiel, doit estimer que les moyens listés ici sont insuffisants, inadaptés ou immoraux pour être vraiment intéressé par l'offre de Julien.

Puisque vous lisez ce livre, car vous abritez le projet d'exercer une activité probablement différente de celle de coach parental, répondez à nouveau à cette question pour votre propre projet. Comment vos acheteurs potentiels satisfont-ils aujourd'hui le besoin auquel vous proposez de répondre ?

À RETENIR

☆ L'erreur 5 est de devenir un hyper-spécialiste.

☆ La bonne attitude est :
  o éviter l'hyperspécialisation qui exclut des acheteurs potentiels plus généralistes.
  o prendre la peine d'observer quel « plus gros que vous » représente une vraie menace pour la pérennité de votre entreprise.
  o préférer une offre générale agrémentée d'une spécialisation plutôt qu'une spécialisation qui pourrait satisfaire une demande plus générale, mais l'exclut.
  o bien déterminer qui sont vos vrais acheteurs potentiels.
  o identifier comment votre cible répond actuellement à son besoin, et avec quoi/qui vous êtes en réelle concurrence.

ERREUR N°6
REFUSER DE SE VENDRE

Je pense que vous commencez à y voir plus clair sur les clés d'un lancement réussi dans le monde de l'auto-entrepreneuriat. Le résultat de mes conversations avec de futurs candidats est que tout ce que nous venons de partager est le plus souvent ignoré et ne figure dans aucun manuel. En poursuivant, vous allez voir qu'il y a encore d'autres points à aborder pour faire vivre votre projet, et lui donner toutes les chances d'exister, année après année. Nous allons à présent parler de votre relation à l'argent et son résultat : votre capacité ou difficulté à vous vendre. Tout le monde n'est pas concerné. Je vous invite donc à passer ce chapitre si vous vendre et vendre vos produits ne représente pour vous aucun défi.

Soyons clairs : vendre et se faire payer pour ce que l'on fait est l'objectif premier de toute activité commerciale. Et, le fait que vous adoriez ce que vous faites au point que cela nourrit bien plus que votre compte bancaire n'est pas une raison pour vous offrir gratuitement.

Il y a quelque chose de l'ordre du sauveur dans les métiers du coaching et du développement personnel qui peut donner mauvaise conscience à celui qui se lance et se vend. Il peut se dire « je ne vais quand même pas me faire payer pour délivrer ce conseil, alors qu'il est si simple et naturel pour moi de le donner », ou bien « je ne vais quand même pas faire payer les gens pour partager avec eux mes bons plans de voyage. Non seulement, c'est un sujet dont j'adore parler, mais en plus, ça m'aurait tellement aidé qu'on me dise tout ça ». Certains se disent même « ne pas le leur dire serait méchant de ma part ».

Si ce type de pensées remonte de votre cœur à votre cerveau, félicitez-vous ! Vous êtes une bonne personne ! Et ce monde a besoin de personnes comme vous ! Mais, rappelez-vous aussi du long chemin parcouru (temps, lectures, formations, voyages…) pour obtenir ces connaissances, désormais si utiles aux autres. Pensez au projet professionnel que vous nourrissez, et réalisez que si vous ne vous dédommagez pas, vous ne pourrez plus financer l'acquisition de nouveaux savoirs, vous ne subviendrez plus à vos besoins, et *in fine*, vous ne pourrez plus aider personne.

C'est donc être bon avec les autres que d'être bon avec vous-même. Ce n'est pas malveillant ni méchant que de retenir des informations précieuses dont l'acquisition vous a coûté et vous coûte encore en temps et/ou en argent, afin de pourvoir à vos besoins et d'en donner toujours plus à ceux qui le veulent.

L'agent d'entretien ne se dit pas qu'il est vraiment égoïste de se faire payer pour nettoyer le supermarché. Le médecin ne se dit pas qu'il est inhumain de faire payer sa consultation. Le conducteur de bus ne se dit pas qu'il devrait renoncer à son salaire pour vous conduire d'un point à un autre. Peu importe qu'ils aiment ou non leur métier. S'ils se disaient cela, il n'y aurait plus d'agent d'entretien, plus de médecin, ni de conducteur de bus, car sans vendre leur temps, leur savoir ou leur compétence, ils ne parviendraient plus à subvenir à leurs besoins. Ils cesseraient de travailler et la société se retrouverait sans agent d'entretien, sans médecin et sans conducteur de bus, ce qui serait bien pénible.

Malheureusement, quelques personnes qui ne savent pas se vendre, s'offrent gratuitement. Elles ont lu partout qu'il faut donner avant de recevoir. Elles donnent donc tout, sans se rendre compte que c'est la pire chose à faire. Par exemple, si un coach de vie donne gratuitement de son temps ou de sa « science », le marché en déduit que ce que cette personne propose n'a pas de valeur, ou bien qu'un service de coaching ne doit pas nécessairement être payé. Dès lors, les gens ne sont plus prêts à acheter ce service ou refusent d'en payer le prix véritable. Il en résulte que ce coach ne trouve plus sa clientèle, et ne gagne plus assez pour poursuivre son activité de coaching. Mais, son attitude impacte aussi le marché du coaching. Ainsi, si toujours plus de coachs s'offraient gratuitement sur les réseaux sociaux, le coaching serait mort. Et, il en va ainsi de n'importe quelle profession proposée à titre gratuit.

Alors certes, l'idée que premièrement il est préférable d'offrir plutôt que de chercher à recevoir, est valable. D'ailleurs, nous sommes tous plus heureux quand nous sommes généreux. Mais, donnons de manière réfléchie. Par exemple, donnons à celui qui en a besoin et qui – de toute façon - ne pourrait pas s'offrir nos services. Faisons en sorte que cela reste entre nous. D'une part, cela le rendra plus à l'aise (peut-être n'a-t-il pas envie que tout le monde sache qu'il ne peut pas se payer nos services), et d'autre part cela n'impactera pas la perception de valeur de nos produits. Enfin, il est très probable qu'il exprime sa reconnaissance en parlant positivement de nous.

Un coach pourrait aussi donner une part de la connaissance totale qu'il a sur un sujet. Il s'agira d'un échantillon permettant à chacun d'avancer et de mieux se rendre compte de ce qu'il peut obtenir. Ceux qui seront convaincus voudront en savoir plus et le contacteront. Un peu comme dans une dégustation de vin où les verres ne sont pas entièrement remplis, mais où l'on goûte une petite gorgée pour savoir si on désire acheter.

Il est aussi possible d'offrir ses services comme lot d'un jeu ou d'un concours. Cela crée de l'émulation et amène des gens à découvrir nos services. C'est de l'ordre de l'investissement en communication.

Enfin, donner peut se faire avec des contreparties bien définies au départ. Par exemple, un coach pourrait recruter un groupe de personnes désireuses d'être coachées gratuitement en échange de leur témoignage. Un producteur de bière locale peut offrir sa bière à des personnes d'influence pour qu'elles la fassent connaître autour d'elles.

Quoi que vous donniez, il est important que vous le fassiez de manière à augmenter la désirabilité et la valeur perçue de votre produit ou service, et non le contraire. Chaque fois que vous bradez vos produits ou talents, non seulement vous sciez la branche sur laquelle vous êtes assis, mais à terme c'est l'arbre entier que vous sciez.

Malgré ces arguments imparables, certains d'entre vous resteront quoiqu'il arrive très mal à l'aise à la seule idée de vendre quand cela sert directement leurs intérêts. Dans ce cas, s'ils persistent à vouloir se lancer comme auto-entrepreneur, ils devront trouver des partenaires ou des collaborateurs pour vendre à leur place.

Il est aussi possible d'exercer le métier de ses rêves tout en étant soi-même salarié. Par exemple, un formateur (qui ne veut pas vendre) peut travailler au service d'un centre de formation. Cela lui permet de ne pas se soucier des questions de marketing et de vente et de se consacrer uniquement à ses formations.

Cependant, la contrepartie est qu'il perd sa liberté et son indépendance.

Une autre possibilité pour « ne pas vendre » est l'association que vous pouvez créer ou dans laquelle vous pouvez œuvrer en tant que salarié ou bénévole. Notez que si vous créez votre association, étant donné son objet non lucratif (c'est-à-dire que vous ne cherchez pas le profit, mais uniquement les subsistances nécessaires à la faire exister), vous devrez réunir des fonds pour financer son activité. Cela nécessitera un important démarchage auprès de l'État, de sponsors ou de mécènes pour leur « vendre » votre projet et les inciter à investir. Eh oui ! À la fin, aucun projet ne peut vivre sans argent. C'était d'ailleurs le sujet de l'erreur n°1 : Se lancer sans budget.

À RETENIR

☆ L'erreur 6 est de refuser de se vendre.

☆ La bonne attitude est :
- o accepter que votre projet est motivé par une ambition économique et commerciale.
- o réaliser que vos savoirs et savoir-faire ont de la valeur, qu'ils sont désirés et recherchés par des individus prêts à payer pour les obtenir.
- o donner à ceux pour qui cela compte vraiment et qui ne pourraient s'offrir vos services sans cela.
- o offrir gratuitement des échantillons de vos produits ou services.
- o donner dans un contexte qui implique de recevoir une contrepartie (mise en contact, partage d'expérience, etc.)
- o recruter un collaborateur ou un partenaire si nécessaire, ou renoncer au statut d'auto-entrepreneur et lui préférer celui de salarié ou bénévole.

ERREUR N°7
AVOIR TROP OU TROP PEU À VENDRE

Quel serait le succès de Nike® si Nike® n'avait qu'un seul produit ?

Pour ses chaussures, Nike® a plusieurs branches, gammes et produits destinés à répondre à une clientèle variée qui pratique des sports différents, recherche des caractéristiques techniques différentes (adhérence, légèreté, maintien du pied), cultive des valeurs différentes (écologie, culture urbaine ou nature) a des goûts différents (design, forme, couleur). Si Nike® n'offrait qu'un seul type de chaussures de sport, ce ne serait pas cette entreprise florissante que nous connaissons.

D'ailleurs vous rappelez-vous les Crocs® (sabots en plastique légers et multicolores) qui ont connu un succès fulgurant ? Le choix de couleurs ne pouvait suffire à pérenniser l'entreprise. Fort de son succès initial, Crocs® a transformé l'essai en élargissant considérablement son catalogue afin de satisfaire une plus grande variété de besoins et de consommateurs. Alors certes, votre projet d'entreprise est peut-être fort éloigné de la fabrication de chaussures, mais ce qui est vrai pour les uns est vrai pour les autres, et il vaut mieux éviter la tentation de l'entreprise mono-produit : écueil classique des jeunes auto-entrepreneurs d'aujourd'hui.

Par exemple, imaginons que vous vous êtes formés comme accompagnant parental. Proposez-vous uniquement des consultations pour parents en difficultés ou bien ne serait-ce pas intéressant de :

- o proposer des prestations complémentaires ?
  - Une préparation du couple à l'arrivée du premier bébé ?
  - Un accompagnement du sommeil du bébé et de l'enfant ?
  - Des rencontres sur la période adolescente ?
  - Un programme de développement des compétences psychosociales des enfants ?

- o et, pour chacun de vos produits, d'offrir des modalités d'achat variées ?
  - à domicile / en ligne / en présentiel
  - en collectif / solo / duo ?
  - en semaine/ en weekend ?
  - pour familles / professionnels / enseignants ?

Vous diversifier intelligemment rendra votre entreprise saine, durable et solide. Lorsque je conseille des auto-entrepreneurs en devenir, j'utilise l'image de l'éléphant à 5 pattes. Même avec une patte en moins, il est parfaitement stable, parfaitement solide.

Sans que vous ne puissiez nécessairement l'expliquer, vous ne serez pas toujours en mesure de maintenir un produit autrefois populaire au top des ventes. Un produit a une durée de vie. Il peut devenir désuet, être dépassé par de nouveaux produits. Dans nos sociétés, le contexte, les attentes, la présence de concurrents, les lois et règlements évoluent rapidement. Tandis que vous devrez retravailler ou reconsidérer la place d'un produit dans votre catalogue, il vous faudra compter sur d'autres produits opérationnels qui continuent de générer des revenus. Aussi, si votre catalogue est conçu sur plusieurs piliers, votre entreprise dépassera les vagues.

En ce qui nous concerne, certains mois, la bataille est rude pour obtenir une place à la formation d'Éducateur Kimochis®[8]. A quoi cela tient ? Peut-être à des articles scientifiques devenus populaires, aux médias ou à des décisions gouvernementales qui mettent soudainement un coup de projecteur sur le besoin de programmes clés en main en faveur du développement des compétences psychosociales des enfants. Certaines périodes sont plus calmes et finalement, cela n'a pas d'importance. D'abord parce que cette formation n'est pas notre produit-phare, et parce que selon notre modèle d'éléphant a 5 pattes, elle contribue à répondre aux besoins de formation spécifiques de notre clientèle, elle est cohérente avec l'idée que nous nous faisons de la contribution de nos produits en faveur d'une société plus adaptée à l'enfance, et joue un rôle essentiel, cohérent et de liant de nos produits dans notre catalogue. En effet, notre projet d'entreprise répond à des besoins variés qui se cristallisent autour de la relation adulte-enfant et dont la satisfaction se concrétise par des formations différentes et complémentaires qui représentent une part variable et fluctuante de notre volume de travail total. En restant dans notre mission d'entreprise, nous savons nous adapter à « l'air du temps ».

De même qu'il vous est nécessaire de proposer plusieurs produits dans votre catalogue, vous devez aussi veiller à offrir des modalités de prestation variées. Par exemple, avant la crise du Covid, nos offres de formation placées sur les samedis matin se remplissaient en premier. Mais, à la suite du Covid, les

---

8 Kimochis est un programme de développement des compétences psychosociales. Voir www.kimochis.fr

gens se sont recentrés sur la famille et se sont rendu compte qu'avoir du temps libre sans stress ni urgence comptait pour eux. Désormais, les formations des samedis sont les dernières à recruter, mais nous n'en sommes pas affectés, car nos modalités de prestation sont flexibles, variées et adaptables, et nous délivrons nos formations sur 4 autres jours de la semaine.

Ainsi, à l'heure de vous lancer, même si vous n'avez pour le moment qu'un seul produit ou service, il vous faut envisager les diversifications (complémentaires) futures que vous allez offrir à 1, 3 et 5 ans. Il s'agit de construire un plan de développement assez clair, vous permettant de savoir où vous irez, de vous assurer que vous développez une entreprise dont les bases seront suffisamment solides pour résister aux tempêtes, aux changements, aux crises, aux désaffections du public, etc.

Pour imaginer ce plan, je vous invite à envisager la grande diversité des besoins des clients qui vont faire appel à vous, au moment d'acheter le premier seul et unique produit que vous avez à leur offrir (qui est probablement votre produit-phare). Qu'attendront-ils d'autres ? de plus ? que voudront-ils aussi trouver ? quels produits ou services gravitent autour de ce produit ? Et, ne confondez pas vous diversifier et vous disperser !

Une offre trop étroite, constituée de trop peu de produits, vous enferme et limite votre client dans les réponses qu'il peut attendre de vous. Cela l'oblige à chercher ailleurs, à rompre cette relation qu'il avait construite avec vous. Sans compter qu'il doit se remettre en recherche d'une solution et s'adapter au fonctionnement d'un autre prestataire. Quel dommage !

Mais, une offre trop large, contenant trop de produits et d'options pour solutionner un même problème, perdrait votre client qui n'arriverait plus à savoir quelle réponse choisir. Il lui faudrait beaucoup de temps, de comparaisons, de recherches pour comprendre ce qui lui convient. Or, quand le choix lui coûte trop d'énergie, que l'offre devient trop dense, le client hésite et se met sur pause. Il s'arrête, déçu et frustré, et reporte sa prise de décision.

Votre éléphant aura donc 5 pattes maximum, mais pas 10, non plus (5 étant un exemple) ! Cela veut dire que vous devez répondre à plusieurs problèmes que rencontrent habituellement vos clients - des problèmes liés entre eux - et que vous allez les solutionner avec des modalités variées, mais pas trop !

Un bon moyen de vous concentrer sur l'essentiel pour construire un catalogue de bonne taille, cohérent (et désirable), tout en évitant la dispersion, est simplement de repartir de l'objet de votre entreprise et des moyens d'y parvenir, tels qu'identifiés dans l'erreur n°4. Répondez à ces questions :
- Quel est votre cœur de métier ?
- Qu'est-ce qui est au cœur de votre raison d'exister ?
- Pour quelle raison un client va-t-il faire appel à vous, premièrement ?

Votre réponse, devrait être votre produit-phare ou produit leader. D'ailleurs, en arrivant sur votre site, j'aurai une information claire de votre métier dès les premières secondes. Est-ce que vous accompagnez les gens ? vendez des robots pour nettoyer les piscines ? réalisez des bijoux uniques ? enseignez l'éducation canine ? En tant que visiteur, je suis supposée le savoir tout de suite. Et, c'est autour de votre produit-phare que vont graviter des offres complémentaires.

De la même manière, quand je vais sur le site internet de Nike®, c'est la plupart du temps pour y trouver des chaussures de sport, car c'est leur produit-phare. Cela ne me dérange pas d'apercevoir des offres pour des ballons de football, mais je trouverais étrange que l'offre « ballons de football » me saute aux yeux et soit l'information principale que j'obtiens en arrivant sur le site. Pour me rassurer sur le fait que je suis au bon endroit, je dois valider d'emblée que l'offre « chaussures de sport » est bien le produit-phare de Nike. Ce sera pour moi et 90% des visiteurs du site, la première raison d'une visite, qui – si elle se déroule bien – pourra me mener à compléter mes ambitions sportives avec d'autres produits : vêtements, ballons, accessoires… soit durant cette visite, soit à l'occasion d'une visite future. Nous parlons de produits en lien avec le sport, bien entendu, car si je découvrais des robots pour piscine ou des graines de fleurs sur le site de Nike®, je me sentirais perplexe et perdue.

Au moment de vous lancer, c'est à cela que vous devez penser : à votre client, à votre produit-phare et à ce qui gravite autour. Il est nécessaire que vous anticipiez les produits complémentaires qui viendront s'ajouter à votre produit principal et les modalités de consommation - plus personnalisables - que vous pourrez offrir à votre client. Vous devez aborder cette question en ayant pour objectif de vous maintenir dans un entre-deux équilibré : avoir une offre ni trop étroite, ni trop large, qui satisfait votre client et le maintient auprès de vous.

À RETENIR

☆ L'erreur 7 est d'avoir trop ou trop peu à vendre.

☆ La bonne attitude est :
- o éviter la tentation du mono-produit qui fait prendre trop de risques à votre entreprise.
- o être un éléphant à 5 pattes.
- o identifier votre produit-phare.
- o développer un catalogue offrant des produits qui gravitent autour de votre produit-phare et répondent à des besoins complémentaires mais différents.
- o offrir quelques modalités personnalisables de consommation ou de prestation.
- o éviter de perdre le client avec une offre trop large qui le met trop à contribution en temps et en énergie.

54

Devenir autoentrepreneur
Les 12 erreurs à éviter et les solutions pour réussir votre projet.

ERREUR N°8
PROCRASTINER

Mot devenu populaire en quelques années, procrastiner signifie remettre à plus tard ce que l'on devrait faire, gérer le futile avant le prioritaire bref, se disperser. Dans cette partie, nous allons voir de quelles multiples manières nos futurs auto-entrepreneurs pratiquent la procrastination. C'est important, car nous verrons ainsi que même des gens qui semblent au-dessus de tout soupçon (ils ont des excuses béton) procrastinent. Je vous donnerai alors des habitudes bien utiles pour cesser de procrastiner, adopter le bon état d'esprit, être efficace. Parce qu'être organisé et concentré à sa tâche est absolument indispensable pour lancer et gérer votre entreprise, et que vos journées – en ayant le même nombre d'heures que celles de tout un chacun - ne seront de toute manière, jamais assez longues ! Vous avez tant à faire pour réaliser votre rêve et donner vie à votre projet, que procrastiner n'est pas une option.

Comment les gens procrastinent-ils donc ?

1 - Ils s'occupent de leur maison et de leur ménage.

Oui, comme le développement de leur entreprise se passe désormais le plus souvent devant un ordinateur chez eux, les futurs auto-entrepreneurs se retrouvent à la maison et « en profitent » pour faire le linge et passer l'aspirateur, … plutôt que de travailler. Comme vous vous en doutez, cette situation est plus fréquente chez les femmes puisqu'elles ont historiquement (et injustement) plus souvent la charge du foyer. Et, si la culture patriarcale influence encore les relations au sein du foyer, il est tout à fait possible que Madame entende un « puisque tu es à la maison, est-ce que tu peux… ? », ou bien qu'elle-même dise « puisque je suis à la maison, je peux quand même… », ou encore « je me sentirais coupable de ne pas le faire, puisque je suis à la maison ». J'ai entendu cela si souvent qu'il me semble important de recadrer. Si vous êtes à la maison, c'est pour travailler au projet d'entreprise auquel vous aspirez et que vous êtes en train de construire. Vous n'êtes pas là pour faire le ménage. Il est question de vous mettre au boulot, et d'accepter de fermer les yeux sur votre ménage, exactement comme vous le feriez si vous deviez fermer la porte sur le désordre de votre maison avant de partir au bureau. Votre travail vous attend et si vous ne vous y mettez pas, il est possible que vous soyez contraint de vous remettre au service d'un autre et ainsi ironiquement, réussir à fermer la porte sur le désordre de votre foyer.

2   – Ils sortent tout le temps.

Alors, c'est un peu caricatural (surtout étant donné que le point « ménage » précède), pourtant, la tendance à sortir tout le temps est effectivement plus masculine. Au lieu de s'asseoir à son bureau et de plancher sur son projet d'entreprise, Monsieur part à droite, à gauche, en profite pour voir un ami, passe au magasin de bricolage pour récupérer de quoi réparer le lave-vaisselle et fait un peu de sport. Il peut dire qu'il a des rendez-vous, qu'il se renseigne, que Marco s'est lancé et lui donne ses conseils, mais c'est sûr, il perd du temps. Beaucoup de temps ! À sa manière, il procrastine et son entreprise ne se lancera pas s'il ne se pose pas à son bureau, plusieurs heures par jour. Donc, Messieurs (ou Mesdames, si vous êtes concernées), restez chez vous et travaillez !

3 – Ils trainent (ou *travaillent*) sur les réseaux sociaux.

Les réseaux sociaux sont la bête noire de notre attention et de notre discipline. Ils captent si bien notre attention que nous perdons la notion du temps. Je ne reviendrai pas sur le fait de passer des heures sur les réseaux sociaux, car comme vous le savez désormais, si vous ne désirez pas travailler dans ce domaine, vous n'avez qu'un temps marginal à leur accorder. Donc, pas la peine de vous créer un planning de publications, de développer contenus et designs (nous y reviendrons dans notre partie communication). Si cela vous prive de votre temps, ce n'est pas la bonne approche, et il est possible que vous soyez dans l'évitement du « vrai » travail : celui qui est moins fun, moins créatif, moins joli. Bref, éteignez les réseaux sociaux et au boulot !

4 – Ils continuent à se former, se forment, se forment encore et encore...

C'est une autre stratégie d'évitement qui cache « un complexe d'infériorité », « un syndrome de l'imposteur », « un manque de confiance en soi », ou qui résulte de la sincère ignorance de ce qu'il faut faire pour lancer son entreprise. Les formations sont la catégorie de procrastination préférée des gens curieux qui (comme moi) aiment être en vacances ne serait-ce que pour se former ! Sauf qu'une fois que l'on est suffisamment préparé, il est temps de se lancer. Il faut y aller. Il faut arrêter de bloquer son agenda avec des formations. Il est temps de passer à la transformation des investissements de formation en quelque chose de rentable et de profitable. Au boulot !

5 – Ils alternent des excuses toujours différentes et toujours très pertinentes...

S'occuper d'une mère âgée, faire des courses pour la voisine, garder le petit qui n'ira pas à l'école aujourd'hui, soutenir une amie dans le besoin, promener le chien, guérir d'un mauvais virus, aider chéri avec sa propre création d'entreprise, changer les pneus de la voiture, aller chez le dentiste, participer à l'association des parents d'élèves, aider une amie à déménager, passer chez le banquier, revoir l'assurance de la maison, etc. Oui, la vie est si riche qu'il y a toujours quelque chose à faire. Seulement voilà, le temps est venu de vous poser et de faire un choix. Voulez-vous gérer le quotidien de la famille toute votre vie, encore et encore, ou voulez-vous lancer votre projet et en vivre ? Si la dernière réponse est la bonne, il va falloir apprendre à dire « non » aux demandes et sollicitations pour vous dire « oui ».

Les raisons et prétextes de ne pas réaliser nos projets sont nombreux. Les émotions associées au lancement d'entreprise sont intenses et la procrastination cache évidemment la peur sous-jacente de l'échec. Nous acceptons d'être empêché de faire ce qui compte le plus pour nous, en nous laissant accaparer par les tâches qui nous épanouissent le moins parce que cela nous permet d'éviter d'être face à un échec. Nous omettons alors qu'essayer est toujours une réussite, au moins sur soi, tandis que ne rien faire, est un échec en soi. Nous craignons aussi l'image que l'échec pourrait donner de nous, alors nous remettons notre projet à plus tard. Les émotions à l'œuvre derrière la procrastination - de l'ordre de l'angoisse et de la peur - nous dirigent vers la croyance limitante que « les conditions ne sont pas encore réunies », situation que beaucoup interprètent comme un message divin, en concluant : « c'est que ça ne devait pas se faire ». Nous nous figeons, nous éteignons et attendons ce jour (assez miraculeux), où tout sera là pour que le plan se réalise. Comme si quelques nuits passées, un concours de circonstances, un alignement des étoiles allaient s'opérer, et nous offrir cette énergie, cet allant et cette inspiration qui nous manquaient tant. Cassons le mythe. Il n'y a pas d'histoire d'auto-entrepreneur qui se réalise de la sorte. Les maîtres-mots ne sont qu'efforts et discipline. Oui, retenez : Efforts et Discipline.

Que faire à présent que nous n'avons plus d'excuses pour ne pas nous y mettre ? Quels sont les garde-fous qui vont nous cadrer, nous maintenir dans un état de productivité, de concentration, d'effort ?

Je vais vous délivrer ma propre liste d'habitudes. Sachez qu'il en existe d'autres, dont certaines que j'ai essayées. Mais, je n'ai gardé que celles qui sont les plus effectives, productives et simples à mettre en œuvre. La simplicité peut parfois être radicale. Regardez plutôt !

1 – Ayez des horaires de travail, même si vous en avez peu. Peu sera toujours mieux que rien. Par exemple, vous pouvez décider que vous travaillerez sur votre projet 4 heures par jour de 09h00 à 13h00 ou le soir de 20h00 à minuit, peu importe. Mais vous devez vous obliger à disposer d'un temps planifié (et sacralisé), dédié à la concrétisation de votre projet (de votre rêve !).

2 – Éteignez les sources de distraction : Lorsque vous vous mettez à travailler sur des tâches qui demandent de la concentration, toutes les notifications doivent être arrêtées. Il ne doit y avoir aucune sonnerie d'appel, d'alerte d'email, de sms ou de réseau social. Vous devez pouvoir vous concentrer. Pour ma part, je ne consulte mes messageries et réseaux sociaux qu'à la fin de mes périodes de travail, par exemple, avant de manger ou d'aller chercher mes enfants à l'école. Faites de même. Éteignez la sonnerie de votre téléphone, stoppez les notifications et sur votre ordinateur, fermez les pages qui pourraient vous distraire.

3 – Sachez ce que vous allez faire de votre semaine et de chaque journée. Pendant que je suis en train de travailler, j'identifie et prends note des tâches que je vais devoir accomplir au fur et à mesure, sur un document séparé. Selon l'urgence et le temps nécessaire pour les mener à bien, je les place dans mon planning sur une semaine identifiée. J'obtiens ainsi une liste des actions et tâches à mener pour chaque semaine. La veille ou le matin de chaque journée de travail, j'établis la liste de ce que je ferai le jour même (en incluant notamment des éléments que j'avais listés pour cette semaine). Je dis bien « que je ferai », car il n'est pas question d'abandonner des tâches destinées à cette journée, sauf si cela a du sens (si j'attends une information pour poursuivre, par exemple).

4 - Traitez tous vos emails le jour même. Cette habitude est l'une de celles que j'ai mise en œuvre le plus tardivement, et elle a changé ma vie. Probablement, car dans ces conditions, il n'y a plus de procrastination possible. À la fin de chacune de mes journées, ma boîte email est vide, sauf si je dois me rappeler de suivre un dossier en cours. C'est aussi un engagement profond au service de mes clients. Il n'y a aucune raison de les faire attendre. Comment pourrais-je argumenter qu'ils n'ont pas reçu de réponse à une demande d'information qui m'a été envoyée avant 16h00 ? C'est – la plupart du temps - impossible ou doit être mis sur le dos de la procrastination.

J'ai d'ailleurs une image négative des commerçants et employés qui font attendre le client pour « finir » de ranger, trier, nettoyer leur lieu de vente. Je m'entends dire intérieurement que si j'étais la responsable de ce magasin, je changerais cela immédiatement et impérativement. Les demandes de nos clients sont ce que nous avons de plus précieux, elles doivent être au top de nos priorités, car elles participent directement à la concrétisation de notre projet d'entreprise. Notre client doit se sentir accueilli, pris en compte. Quant aux emails, une fois traités, je les classe ou les jette selon mes besoins.

5 – Sachez que vous avez toujours quelque chose à faire ! On peut penser qu'une fois le site internet construit, les produits annoncés, etc., il n'y a plus qu'à attendre le client. Ce n'est pas le bon état d'esprit. Vous devriez toujours être mobilisé dans le développement de votre entreprise, et il y a toujours quelque chose à faire. Par exemple, avoir des fiches qualitatives de présentation de vos prestations, établir de nouveaux contacts avec des administrations, des commerces, des professionnels, des associations, améliorer la gestion de vos contacts, des devis, des relances, mettre des alertes sur certaines tâches, augmenter l'automatisation de l'expérience d'achat, se former dans la maitrise d'un nouvel outil de gestion… Il y a tant à faire ! Prenons l'exemple de ce livre. Il ne faisait pas partie de mes priorités, mais je me suis retrouvée avec un peu de temps libre en fin d'année et j'avais finalisé tout ce qui se présentait sur ma liste. J'ai donc décidé que c'est en écrivant ce livre que j'allais saisir l'opportunité du temps attribué à ma société.

À RETENIR

☆ L'erreur 8 est de procrastiner.

☆ La bonne attitude est :
- o être résolument engagé à réaliser son projet.
- o identifier son profil de « procrastineur » et déjouer ses pièges.
- o avoir des horaires de travail planifiés au moins sur un plan hebdomadaire.
- o éteindre et s'éloigner de toutes les sources de distractions.
- o placer les actions et tâches à mener sur une liste au fur et à mesure, puis les attribuer à des semaines, et enfin dresser la liste des tâches qui seront accomplies à la fin de la journée.
- o traiter tous ses emails le jour même.
- o ne jamais penser que l'on a rien à faire et se maintenir en action.

ERREUR N°9
MAL GÉRER SA PRÉSENCE SUR INTERNET

Il y a les gens qui n'y sont pas ! Des bienheureux, un brin idéalistes, qui pensent que leur projet d'entreprise peut se passer d'une présence sur internet. J'admets que ce soit concevable, mais cela se payera. Mal gérer sa présence sur internet, la remettre à plus tard, accepter que la navigation sur son site soit fastidieuse est aujourd'hui de l'ordre du suicide entrepreneurial. De nos jours, quand les gens cherchent des informations et les trouvent incomplètes ou peu claires, cela les rebiffe, les agace, les détourne de vous. Ceux qui néanmoins s'accrochent, doivent vous appeler, et cela vous empêche de travailler tranquillement là où vous avez une vraie valeur ajoutée.

La bonne attitude est donc que toute information amenée à être répétée encore et encore, doit être gravée dans le marbre d'internet pour être mise à la disposition de vos prospects. Exactement comme un panneau d'indication le serait sur la route. Le panneau sert à répéter une information absolument indispensable à tous ceux qui la cherchent, car personne ne voudrait ni avoir à la demander, ni avoir à la répéter. Ainsi, si vous faites bien les choses, votre site internet donne la totalité des informations de base vous concernant, et vos prospects vous contactent pour vous adresser des demandes plus spécifiques et pointues, souvent en lien avec leur cas particulier. En gardant cela à l'esprit, chaque fois que vous constatez que ce que vous pensiez être une question particulière se généralise dans vos interactions avec vos clients, réalisez qu'il est temps de rendre cette information plus disponible et accessible sur votre site. Logique, n'est-ce pas ?

La première action à mener pour bien gérer votre présence sur internet consiste donc à créer un site qui donne les informations que cherchent vos prospects. Mais, ce n'est pas tout. Vous allez devoir soigner :

- **Votre nom de domaine.** Pensez bien à ce qu'il véhicule comme idée ou image. Interrogez-vous aussi sur la facilité de le mémoriser. Devez-vous préciser comment l'écrire (tiret, pluriel, jeux de mots) ? Si oui, revenez à quelque chose de plus facile. En effet, le risque de se tromper est littéralement proportionnel au nombre de précisions que vous devez donner. Plus il y en a, plus votre client risque de ne jamais plus vous trouver. Choisissez un nom de domaine simple, court, efficace, éventuellement descriptif (selon votre domaine d'activité).
- **Le design !** Le design de votre site est littéralement votre emballage. Il ne peut pas être bâclé. Il doit être propre, plaisant, au goût du jour, tout en résistant assez bien aux évolutions des tendances. Quand un visiteur arrive sur votre site, ses cellules doivent frétiller d'envie, de bien-être, de curiosité, d'excitation. Il doit vivre l'impression de toucher enfin au but. C'est l'apaisement, la confiance, la libération. Votre design génère des sensations et des émotions. Faites en sorte qu'elles soient plaisantes ! Si vos goûts sont plutôt originaux, marginaux, rares, éclectiques, abandonnez-les et préférez-leur la sobriété. Et, avant de vous lancer, ne passez pas à côté de l'effet que vous produisez, en faisant tester votre site.

- **Votre première page.** Ne vous présentez pas en long en large et en travers sur la première page de votre site. Certaines pages d'accueil ressemblent à des autobiographies, « Moi, ma vie, mon œuvre ». Cependant, à moins que vous ne soyez une star (dont on veut tout connaître) ou un expert (très) reconnu, les gens se fichent de savoir qui vous êtes. Ils veulent se voir dans le reflet de votre miroir. Ils sont intéressés par eux-mêmes, par ce qui parle d'eux et des problèmes qu'ils rencontrent. Par conséquent, vous gagnerez des points s'ils perçoivent que vous comprenez ce qu'ils vivent, attendent, ressentent et désirent solutionner. Vous devez être pour eux, le porteur de solutions claires et accessibles. Si ainsi, ils se sentent connus de vous, vous commencerez à les intéresser.

- **La pertinence et l'accessibilité des informations.** Aimez-vous devoir contacter une entreprise pour connaître son offre, son planning, ses prix, ses conditions ? En tant qu'auto-entrepreneur, les personnes qui vous contactent à ce sujet vous font perdre votre temps et vous contacter est également stérile pour elles. Offrez-leur la transparence et l'autonomie. Décrivez vos offres (ni trop succinctement, ni trop longuement), communiquez vos prix, expliquez le déroulement de vos prestations (pour certaines prestations, comme les massages, c'est nécessaire !), communiquez votre planning, votre adresse physique si c'est utile, offrez à vos prospects la possibilité de réserver un rendez-vous avec vous, de s'inscrire à votre offre, de payer directement ou de vous contacter pour un supplément d'informations ou une demande spécifique. C'est bon pour tout le monde !

- **Faites en sorte que votre site soit une vraie boussole et commencez par donner le nord !** Le nord est ce fameux produit-phare dont nous avons parlé plus tôt. Rappelez-vous que vous devriez avoir un produit-phare, un produit de base qui exprime l'essence même de votre entreprise. C'est souvent sur ce produit que vous communiquerez le plus et vous éviterez ainsi de disperser vos efforts de communication.

Je finirai en précisant : pas d'erreur et de mélange de genres ! Une page Facebook ou Instagram ne remplace pas un site internet. Vous pouvez décider d'activer votre présence sur les réseaux sociaux. Ceci est surtout utile pour présenter votre actualité (par exemple, si vous avez diverses collections au fil du temps, que vous organisez des concours), présenter l'actualité de votre secteur (ce qui montrera que vous êtes un véritable acteur du domaine), et dynamiser votre image. Mais, votre site internet restera indispensable. Il donnera une vision plus stable de votre entreprise, en offrant une information organisée, au contraire d'une page Instagram.

À RETENIR

☆ L'erreur 9 est de mal gérer sa présence sur internet.

☆ La bonne attitude est :
  o développer un site internet et vous faire accompagner si ceci représente pour vous un défi trop important.
  o délivrer à vos clients potentiels l'information dont ils ont besoin sans qu'ils ne fournissent d'effort.
  o vous rappeler que c'est déjà par votre communication que vous informez vos clients de ce qu'ils peuvent attendre de vous et de vos engagements.

ERREUR N°10
FAIRE DE MAUVAIS CHOIX DE COMMUNICATION

Notre dixième erreur vient à point nommé puisque nous avons terminé en considérant la nécessité de donner toute information nécessaire à nos prospects, ces personnes potentiellement intéressées à acheter nos produits. Précédemment, nous avons identifié qu'une grande partie du travail de lancement d'activité de l'auto-entrepreneur se déroulait dans la solitude de son bureau, souvent devant un ordinateur. Tel un écrivain devant la page initialement blanche, l'auto-entrepreneur doit se triturer les méninges et déposer à l'écrit l'essence de son projet, son identité, son articulation, ses déclinaisons, ses perspectives de développement, les besoins et le public qu'il cherche à satisfaire.

Cette phase se termine le plus souvent dans une solitude identique à celle qu'il a fallu pour l'élaborer. Le téléphone ne sonne pas. Les emails n'arrivent pas. C'est calme. Nous voici seuls, avec ce projet pimpant, tout beau tout neuf, qui nous fait encore plus vibrer, et sur lequel nous avons planché pendant des semaines. Avec son logo, son design, son site internet et peut-être ses dépliants et cartes de visites, il semble si vivant ! Pourtant, il est encore en gestation. Il ne s'animera vraiment que lorsque de vrais clients le voudront, l'achèteront, vivront l'expérience d'en profiter et - bien entendu - en parleront autour d'eux. Tant que cette étape ne sera pas atteinte, notre joli projet n'aura pas acquis d'aura. Il restera assez virtuel et inconsistant.

Comment faire pour passer cette étape ? Comment passer de l'ombre à la lumière ?

Puisqu'à présent, nous nous connaissons un peu, j'envisage que vous saurez répondre à cette question. Selon vous, que va faire notre Julien Bredouille pour se faire connaître, maintenant que son site, son offre, ses prix sont ficelés ? Je vous le donne dans le mile ! Il va aller sur les réseaux sociaux, avec un direct, sans escale ni retour. Nous allons perdre Julien sur Instagram, Facebook ou Tiktok, pour ne citer qu'eux !

Alors, certes, les réseaux sociaux sont un vrai moyen de communication, il est normal que vous vous y investissiez (un peu), mais cela dépend vraiment de la nature de votre entreprise. En outre, la manière de les utiliser doit cadrer avec vos objectifs, et tous les objectifs ne s'atteignent pas de la même manière. Y passer des heures sera le plus souvent inutile, surtout si votre projet ne dépasse pas le cadre signalé au début de ce livre. Comme je l'ai dit précédemment, notre ambition ici n'est pas de construire un business purement online, mais plutôt d'avoir l'intention d'offrir, sur un territoire géographique identifié, un produit ou un service impliquant des interactions.

Petite clarification aussi. Les plateformes de réseaux sociaux n'ont aucun intérêt à ce que vos publications (gratuites) génèrent des ventes. Si c'était le cas, elles mettraient la clé sous la porte, tout simplement parce c'est la publicité qui finance l'essentiel de leur système. Les réseaux sociaux ont donc intérêt à ce que vos contenus gratuits gardent un impact relativement médiocre tandis que des publicités payantes vous permettront effectivement d'augmenter vos ventes, et d'élargir votre notoriété.

Afin de vous convaincre de la validité de l'investissement publicitaire, les réseaux sociaux doivent vous faire miroiter qu'un nombre immense d'utilisateurs, ciblés et identifiés comme potentiellement intéressés par vos produits, sera touché par votre publicité. Il leur faut donc des millions d'utilisateurs.

Ces utilisateurs sont harangués grâce à la nature sociale et gratuite du réseau qui fait se retrouver des communautés d'individus partageant les mêmes centres d'intérêts, leur permettant de communiquer, de s'exprimer, d'interagir, de se divertir et de s'informer sans rien débourser.

Ce modèle économique, vous le connaissez bien et depuis longtemps. C'est celui de la presse. Les articles de presse (en ligne ou en format papier) ne déclenchent pas ou peu de ventes et sont financés par l'intérêt des lecteurs pour les publicités diffusées.

C'est aussi le modèle économique de la télévision qui ne vous fait pas payer les émissions et films qu'elle vous propose, mais qui vous les offre gratuitement en raison des publicités que vous regarderez.

La subtilité des réseaux sociaux, c'est qu'ici, les programmes diffusés ne sont même plus créés par des professionnels rémunérés. Il n'y a donc pas de ligne éditoriale, ni de journalistes à payer[9]. Les programmes sont créés par des millions de bénévoles, appelés « créateurs de contenus », qui se mettent gratuitement au service des réseaux sociaux. Le modèle est donc d'une rentabilité extrême !

Ce qu'il faut comprendre, ce sont donc les différentes règles qui façonnent ce modèle :

---

9 Avec un bémol. A l'heure d'écrire ce livre, Tiktok rémunère les créateurs de contenus les plus performants. Cette stratégie incite les créateurs à publier sur sa plateforme plutôt que sur d'autres (encore) non rémunératrices.

- **La première règle** est que la visibilité gratuitement obtenue n'est pas ou peu performante. En outre, elle ne touche que votre audience déjà acquise (les gens qui me connaissent et les gens qui connaissent les gens qui me connaissent). C'est l'aspect « communautaire ».

- **La deuxième règle** est que, dans la très grande majorité des cas, la visibilité payante est largement plus performante que la visibilité gratuitement obtenue puisqu'elle va aller chercher des personnes qui ne font pas partie de votre communauté mais, qui lui ressemble en de nombreux points, afin de leur suggérer de s'intéresser à vous.

- **La troisième règle** est que des cas isolés doivent défrayer la chronique et obtenir gratuitement une énorme visibilité, au-delà de leur communauté. Ces « accidents » n'en sont pas tout à fait, ils sont plutôt « un mal nécessaire » destiné à entretenir l'espoir qu'il est possible de réussir sur les réseaux sociaux, sans débourser un sou, à condition de publier bien et beaucoup. Cette croyance est similaire à celle du Loto. Il est possible de gagner, mais c'est rare, et on augmente ses chances en jouant plus. Ainsi, l'espoir du gain motive-t-il les millions de créateurs de contenu à produire toujours plus et gratuitement, au bénéfice des réseaux sociaux. Ceci est encore intensifié par l'existence des *reels*[10].

---

10 *Reel* signifie pellicule. Il s'agit des vidéos qui s'enchainent sur une pellicule sans contrôle de la thématique. Les vidéos s'enchainent les unes à la suite des autres, en fonction des

- **La quatrième règle** est que les créateurs de contenus et les utilisateurs passifs doivent profiter de contenus gratuits, en grande quantité. En leur accordant du temps, en cliquant, en participant et en réagissant aux publications, ils expriment leurs préférences et centres d'intérêt, afin de former des millions de prospects parfaitement segmentables qui pourront être efficacement ciblés par de la publicité. La boucle est bouclée.

Il est donc question pour vous, d'éviter l'écueil d'un travail acharné sur le versant gratuit des réseaux sociaux, car il n'apportera pas à lui seul les résultats escomptés. À la place, je vous invite à explorer ce que vous pourriez faire pour communiquer efficacement.

Commençons par un principe important qui pourra vous surprendre : Le chemin le plus court, de vous à votre prospect, est souvent le plus rapide à parcourir à pied.

En effet, quoique tout puisse être accompli à distance, les consommateurs se disent encore : « en dépit du fait que je peux éviter de me déplacer pour acheter, j'ai plus confiance :
- en quelqu'un à qui j'ai parlé,
- en quelqu'un que j'ai rencontré,
- en quelqu'un qui habite mon quartier,
- en quelqu'un qui habite ma ville,
- en quelqu'un qui est de ma région. »

---

réactions que les précédentes vidéos ont suscitées chez l'utilisateur (temps accordé à la vidéo, likes, commentaires …)

La présence, la proximité physique, l'accessibilité de celui qui m'offre ses services le rendent tangible, le font exister dans mon esprit, me donnent confiance en lui et répondent de manière adéquate, voire complètent, la tentation que j'ai de satisfaire ma demande d'une manière plus simple et paresseuse.

Rappelez-vous mon parent qui solutionne son problème relationnel avec une Nintendo Switch®... la concurrence est rude ! Aussi, si je désire être coach parental, il me faut être plus attractif, réel, humain, tangible, accessible, disponible, efficace que la solution Nintendo Switch®. Et c'est tout à fait possible, puisqu'au fond l'humain préfère l'humain !

D'ailleurs, pensez-vous qu'un parent décidé à être accompagné, va choisir un coach sur la toile mondiale ? Non, il y a fort à parier qu'il le cherche premièrement près de chez lui, estimant que partager les mêmes références sera un avantage pour travailler ensemble. Et même si ce coach ne travaille qu'en ligne, sa présence physique - quelque part autour du parent - sera un atout incontestable. Dans cette logique, un coach parental qui donne une conférence (via l'association des parents d'élèves, un concept-store, une librairie...) réussit si bien à réduire la distance entre les parents et lui qu'il deviendra l'option la plus naturelle pour les quelques parents ayant besoin d'aide. Et aux autres, il laissera un souvenir positif qui alimentera un bouche-à-oreille profitable.

Le versant gratuit des réseaux sociaux sera donc mis à contribution afin de diffuser de l'information sur l'actualité de l'entreprise et de son secteur, et pour lui conférer une dimension plus humaine et dynamique. Ceci va permettre de créer du lien et de la confiance avec les prospects, en complément des autres actions menées. Ce sera un élément d'un ensemble communiquant.

Examinons les autres éléments de communication gratuits (plus confidentiels et locaux) propices à réduire la distance entre les prospects et nous, petite entreprise en plein lancement :

- **Se présenter en divers lieux pour proposer de « goûter » à notre prestation ou à notre produit.** Par exemple, la conférence permet de tester les qualités d'animation ou d'analyse d'un expert, et peut se dérouler dans une librairie, un cinéma, une école, une association. Un coach sportif, peut inviter son public à tester ses services dans un parc ou sur une plage. Un producteur de bière artisanale, pourra faire un partenariat avec un magasin de spiritueux ou une épicerie fine, pour présenter ses produits.
- **Se rendre utile auprès des journalistes locaux.** Nous avons tendance à l'oublier : ce qui fait vivre le journaliste est sa capacité à obtenir des contenus intéressants qui permettent au journal de vendre des encarts publicitaires aux régies, et des parutions et abonnements aux lecteurs. On pense souvent que communiquer sur un journal ou un magazine suppose de payer de la publicité. C'est omettre que le journaliste a besoin de contenus. Or, il se trouve que dans votre branche, vous êtes potentiellement la bonne personne pour lui en fournir ! Il est donc important de contacter les radios, télévisions et journaux locaux pour leur faire savoir que vous êtes là. Dans cette optique, pensez tout particulièrement à l'agenda de votre profession. Le coach parental sera volontiers attendu pour intervenir lors de la journée mondiale contre les

violences éducatives. Le producteur de bière sera chaleureusement accueilli pendant la Herbst Messe (Fête de l'automne) originaire des régions et pays de l'est. La différence avec les réseaux sociaux est que votre présence sera moins noyée dans la masse.

- **S'assurer que l'on est présent sur Google Map, Google My business et tout autre portail de recherche gratuit.** Moins de la moitié des personnes que je connais qui se lancent dans l'auto-entrepreneuriat sont présentes sur Google Map. C'est stupéfiant, car c'est la solution de recherche gratuite la plus utilisée au monde. Quel que soit le service que vous désirez lancer, on doit impérativement vous trouver sur Google Map (même si votre lieu ne reçoit pas de public[11]). Les solutions gratuites offertes par Google pour vous faire connaître doivent toutes être utilisées et celles venant d'autres prestataires, aussi. Par exemple, certaines mairies aiment annoncer la liste des professionnels installés dans leur commune. Certains sites internet recensent diverses spécialités et se rémunèrent sur le trafic que cette information leur amène. Vous ne payerez donc probablement rien. Des associations de parents proposent un listing des professionnels susceptibles d'intéresser les parents et de rendre leur vie plus facile. Explorez les solutions qui s'offrent à vous. Et, si ce n'est pas encore fait, lâchez ce bouquin pendant une heure ou deux et enregistrez-vous sur Google !

---

11 Google vous permet de préciser si votre établissement reçoit ou non public, tout en vous localisant sur sa carte.

Au niveau des moyens de s'annoncer localement, en investissant un petit budget, relevons ici :

- **L'affichage de rue :** Les régies publicitaires ont régulièrement des offres intéressantes en raison de leurs invendus. En effet, un encart invendu reste occupé par la dernière affiche qu'il a mise en avant. Les régies préfèrent donc remettre en vente cet espace en baissant leurs prix. Avez-vous repéré un panneau publicitaire à l'arrêt de bus de l'école primaire ? dans une zone fréquentée par vos prospects ? Contactez la régie et demandez les prix ! Si votre entreprise dispose d'un lieu accueillant le public, exploitez-le pour vous rendre visible. En l'absence d'enseigne, un panneau-tréteau fait parfaitement l'affaire.

- **Le cinéma** : Eh oui ! Là encore, on y pense trop peu, pourtant la publicité en cinéma permet un ciblage idéal de votre clientèle. Par exemple, rien de tel pour un coach parental que de s'annoncer avant la projection d'un film pour enfants, et pour un service d'excursions, de se placer avant un film d'aventure.

- **La radio et les journaux** (dans leur version payante) peuvent aussi être les supports de votre communication. Cependant, je les trouve très chers. Si cela vous intéresse, demandez à recevoir leurs prix.

- **Les dépliants, affiches et cartes de visite** peuvent être déposés dans des endroits stratégiques. Pensez à vous associer avec des professionnels dont la cible est la même que la vôtre pour développer ensemble une communication papier plus puissante. Vous pouvez aussi rémunérer un magasin pour qu'il remette vos dépliants à tous ses clients (lors du passage en caisse). Imaginez votre impact !

- **La newsletter** est la version numérique de l'approche précédente. Collectez les emails des visiteurs de votre site, veillez à limiter votre communication pour ne pas les faire fuir, et là encore, essayez de mettre en place des partenariats avec d'autres entreprises qui ciblent les mêmes prospects.

- **La publicité sur votre voiture.** Si vous circulez beaucoup, profitez-en pour annoncer vos services sur votre voiture. Pour certains types d'entreprise (travaux, services à la personne, décoration d'intérieur), les retours sont très satisfaisants.

Comme vous le voyez les possibilités « au local » sont nombreuses. Et, remarquez combien elles raccourcissent le chemin jusqu'à vous ! En matière de communication, quand on est un auto-entrepreneur en train de lancer son activité, il vaut mieux en un jour entrer en interaction directe avec 30 personnes dont 7 deviendront vos clients, plutôt qu'en contact indirect avec 1000 personnes dont seulement une le deviendra…

Une fois les actions locales dûment menées, il est temps d'affiner votre présence sur internet, notamment pour élargir votre zone d'impact.

- **Votre site doit être facile à trouver.** Vous devrez donc travailler vos mots-clés, votre SEO[12]

---

12 *Search Engine Optimization,* il s'agit de l'optimisation des paramètres qui permettent à Google de suggérer votre site en réponse à une requête de recherche.

et mettre un budget (aussi petit soit-il) sur Google Ads. Oui, oui, du budget ! Cela peut être 50€ par mois, mais votre projet d'entreprise le mérite et vous rentabiliserez cet investissement. Dans mon cas, Google m'apporte 10 à 15 fois ce que j'investis.

- **Il peut être temps d'envisager de la publicité sur les réseaux sociaux**. Attention cependant, l'opération menée dans sa totalité est assez chère, car elle requiert l'intervention d'un professionnel. Contrairement à Google Ads, les publicités sur les réseaux sociaux faites par des utilisateurs inexpérimentés sont assez inefficaces.

Nous avons bien avancé sur les clés les plus essentielles à détenir pour commencer à communiquer simplement et pour peu d'argent. Mettez-vous au travail dès que possible !

À RETENIR

☆ L'erreur 10 est de faire de mauvais choix de communication.

☆ La bonne attitude est :
- o commencer par raccourcir le plus possible la distance entre vos prospects et vous.
- o vous présenter et présenter vos produits ou services. Susciter les rencontres. Permettre que l'on puisse se faire une idée concrète de ce que vous avez à proposer.
- o utiliser les moyens gratuits de vous faire connaître.
- o investir dans des moyens de communication locaux.
- o envisager la partie gratuite des réseaux sociaux comme un élément de soutien à votre communication.
- o utiliser internet pour élargir votre champ de communication, notamment avec un site bien conçu et bien référencé, et des publicités sur Google Ads ou sur les réseaux sociaux.

ERREUR N°11
ACCEPTER UNE CERTAINE FORME DE MÉDIOCRITÉ

Normalement, le souci de l'auto-entrepreneur de soigner son image, ses produits et la satisfaction de ses clients devrait être sa priorité numéro un, et ne pas honorer cette mission devrait tout simplement l'empêcher de trouver le sommeil.

Souvenir de vacances. Je suis à la Réunion et une expérience insolite me tente. Il s'agit d'une nuit perdue dans la forêt tropicale, à l'abri d'une chambre bulle offrant une vue exceptionnelle sur la voûte étoilée. Les jours passent et je me lance chaque fois dans le processus de réservation qui échoue. J'essaie de contacter le gérant à plusieurs reprises et tombe sur un répondeur. Finalement, l'un de mes emails trouve écho et l'on m'écrit qu'il est su et connu depuis plusieurs semaines que le site plante, mais que l'établissement est bien ouvert. Voilà, voilà... Franchement, cela m'interpelle. Comment un chef d'entreprise peut-il aller se coucher en sachant que son site plante ? Car, soyons clairs, c'est comme si un supermarché accueillait des clients sans que ses caisses ne fonctionnent, tout en sachant qu'elles ne fonctionnent pas. Que diraient les clients après avoir perdu une heure dans les rayons à remplir leur caddie, sans pouvoir payer et emporter leurs achats ? Le bon état d'esprit, si vous êtes auto-entrepreneur, est de ne jamais accepter de laisser votre système dysfonctionner, de veiller à vous en tenir informer et de mener toutes les actions nécessaires pour résoudre toute difficulté. C'est un minimum.

Chaque personne de passage sur votre site, dans votre local ou votre magasin, devrait vivre une expérience « plus que » plaisante. Prenez en compte que de son côté, votre visiteur en a déjà accompli largement suffisamment : venir jusqu'à vous, comparer votre offre, choisir ce qui lui conviendra le mieux. Si la thématique est nouvelle pour lui, cela lui a pris du temps et de l'énergie. Donc, tout doit être fait pour qu'il ne doive se consacrer qu'à finaliser son achat et qu'il n'ait pas à se prendre la tête pour fournir un effort supplémentaire comme résultat de votre absence d'engagement. Obtenir une information claire et disponible, disposer de prix affichés, connaître les implications de son choix, vivre confort et bien-être sur votre lieu de vente qu'il soit virtuel ou réel, bénéficier d'un passage rapide en caisse, voilà ce à quoi votre client à droit sans devoir le demander.

Et pour nous en convaincre : Qui n'a pas abandonner un achat, parce que l'information destinée à comparer 2 produits n'était pas disponible, parce que le prix n'était pas affiché, parce qu'il faisait trop chaud, parce que ce qu'il portait était trop encombrant, parce qu'il devait aller aux toilettes, parce que la file devant la caisse était trop longue, parce que le vendeur supposé l'encaisser préférait parler à son collègue ou ranger des produits sur une étagère, plutôt que de le servir ? Nous l'avons tous vécu et chaque fois nous nous sommes sentis frustrés. Nous avons quitté le magasin avec des émotions négatives qui ont retardé notre venue suivante, voire nous ont fait renoncer à fréquenter cet endroit, non sans dissuader au passage quiconque de s'y rendre.

Dans le cas d'un site internet, l'absence de confort est encore moins excusable ! Comment vous sentez-vous quand on vous oblige à donner vos coordonnées pour obtenir un descriptif ou un prix ? Qu'est-ce que cela vous fait de tourner en rond pour obtenir une information aussi basique que l'adresse d'un restaurant où vous voulez dîner ? Comment vous sentez-vous quand vous pensez avoir trouvé un évènement sympa à vivre en famille et qu'on vous annonce qu'il a eu lieu l'année passée, mais que le site n'a pas été mis à jour ? Quel sentiment déclenche en vous des textes illisibles, qui se chevauchent, plein de fautes, avec des boutons à cliquer qui ne mènent nulle part ? Que se passe-t-il en vous quand les règles et conditions d'utilisation d'une formation vous sont annoncées après l'avoir achetée et suivie ?

Sur un site internet, l'information est très simple à gérer. Pas besoin d'investir dans une salle d'attente, une fontaine à eau ou un nouveau chauffage. Le confort du visiteur ne tient qu'à la bonne volonté et l'implication du propriétaire du site. Regardez ce qu'il vous donne, et vous saurez à quoi vous attendre. Dans un monde où la concurrence est féroce, dénigrer le client est scandaleux, le soigner et nous montrer reconnaissant de son intérêt fait la différence.

Au fond, l'expérience de vos clients devrait toujours être « je sens qu'ils cherchent à me satisfaire », « je vois qu'on cherche à prendre soin de moi », « je sais qu'ici, on veut que je me sente bien ». D'ailleurs, combien cela nous coûte-t-il de plus, à nous entrepreneurs, d'offrir cette expérience à nos clients ? Rien. Quelle raison avons-nous de ne pas le faire ? Aucune. Nous n'avons aucune raison de ne pas investir dans l'expérience délivrée à nos clients. C'est le contraire qui est ridicule.

Si un client est sur votre site, ou dans votre local, c'est que vous l'intéressez. Il veut savoir ce que vous pouvez faire pour lui. Qu'il achète ou non votre produit immédiatement, vous avez tout à gagner à ce qu'il vive une expérience qui l'amènera à revenir, à se rappeler de vous, à vous recommander, ou à devenir votre client.

Le bon état d'esprit est donc de réaliser que la communication, ce n'est pas seulement cet acte à vocation publicitaire que vous mettez en œuvre. La communication, c'est Tout. C'est la Totalité du projet : les prestations, les produits, les collaborateurs, les process, les relations et interactions. Tout ce qui touche de près ou de loin à votre entreprise à une fonction communiquante. A l'École des Formations Positives, c'est ainsi que nous voyons les choses : Tout communique pour nous. Et, rien ne communique pas. La manière dont nous répondons à une demande doit dépasser la simple transmission d'informations. Ce doit être une expérience agréable qui rend les gens à l'aise et satisfaits. C'est un moment important dans l'histoire de notre relation. Il s'agit de notre première fois. Nous montrerons *in vivo* comment nous envisageons la relation avec nos clients et ce qu'ils peuvent attendre de nous en achetant nos produits. C'est d'une importance implacable. Et, nous serons disponibles, chaleureux, précis, accessibles et prévenants. Ensuite, l'expérience de nos formations sera un plaisir, un moment de joie et d'épanouissement. Nous dépasserons les attentes de nos stagiaires qui pourront dire « j'ai adoré cette formation, je m'y suis sentie tellement bien, c'était top », et « j'ai vraiment trouvé ma voie, c'est vraiment ce que je veux faire ». Chaque formation devra donner envie d'en vivre une autre, devra faire rechercher à nouveau notre contact. De cette manière, nous nous rendrons tous heureux : les formatrices seront ravies de délivrer des formations de qualité qui permettent à d'autres de réaliser leur rêve. Ça a tellement de sens pour elles ! Et, les stagiaires seront ravis d'avoir trouvé l'École dans laquelle ils vivent plus qu'une simple formation, une émulation, une expérience, la rencontre de valeurs partagées, une organisation au top, des outils efficaces et simples. Une fois la formation finie, nous nous soucierons de les remercier. Plus, ils nous feront confiance pour les former, plus nous augmenterons nos réductions comme témoignage de notre gratitude.

Et ne pensez pas que je parle ici de stratégie commerciale destinée à harponner les gens. Car, ce qui marche durablement, c'est la sincérité. Cela doit venir du fond de votre cœur. Si votre projet vous passionne, vous avez envie de le partager au plus grand nombre, n'est-ce pas ? Quand d'autres s'y intéressent, vous êtes ravi, cela vous nourrit, vous voudriez en parler des heures et leur dérouler le tapis rouge pour qu'ils le vivent et le respirent comme vous. Cela part de cet endroit-là en vous. Alors, comme vous le voyez, ce n'est pas possible de se contenter de peu. C'est même impossible.

Si votre site est médiocre, je suis en droit de me dire que vous acceptez la médiocrité, que cela ne vous dérange pas de me délivrer un service ou un produit médiocre. Or, ce n'est pas ce que je veux vivre. Je cherche le bonheur, la simplicité, le bien-être, la sécurité, la prise en compte de mes attentes, la confiance dans leur atteinte. Les années à venir seront toujours plus strictes à cet égard, car le nombre d'entreprises est amené à exploser et seules les meilleures sauront se démarquer.

Pour finir, réalisez, si ce n'est déjà fait, que ces questions de qualité ne se déploient pas en prenant comme point de départ votre client. Elles se déploient à partir de vous-même dans le sens où il n'est pas possible d'être clair avec ses clients si on ne l'est pas avec soi. N'espérez pas non plus réussir à être organisé avec vos clients si votre entreprise et vos process sont désorganisés. La qualité à déployer commence avec vous. Votre bureau rangé, vos papiers triés, vos emails traités, vos process clairs, rédigés, lisibles et accessibles. Chaque chose étant à sa place, votre esprit se consacre à délivrer les prestations qui sont au cœur de son entreprise.

En conclusion, ne soyez pas bons, soyez plus que bons. Soyez excellent et inoubliable. Éclatez-vous vraiment dans ce que vous faites en amenant « du niveau ».

À RETENIR

☆ L'erreur 11 est d'accepter une certaine forme de médiocrité.

☆ La bonne attitude est :
- o vous soucier sincèrement du bien-être de vos prospects et clients.
- o faire en sorte que chaque interaction avec vous, votre entreprise, vos produits soit positive, voire inoubliable.
- o ne pas épuiser vos clients et prospects en les faisant chercher des informations trop peu accessibles.
- o prendre en compte que Tout communique sur vous.

ERREUR N°12
MAL GÉRER SON BUDGET

Pour tout vous dire, j'ai eu quelques hésitations à l'heure de placer convenablement cette erreur parmi la totalité des erreurs de ce livre. Puis, j'ai réalisé que vous deviez être préparé, que vous deviez avoir lu, compris et acquis les conseils précédents pour en profiter pleinement. Pour finir notre liste d'erreurs (assorties de conseils), abordons à présent la gestion budgétaire, votre prévisionnel d'entrées et de dépenses, en soulignant ce qu'il faut garder en tête pour ne pas se planter. Bien entendu, cette partie est complétée par des méthodes, des outils et des indicateurs qui vous sont délivrés dans la formation *Elearning* dont je vous ai parlé au début de ce livre. J'y reviendrai en conclusion.

Nous avons vu que votre entreprise vaut la peine que vous lui attribuiez un budget. Autrefois, ceci passait par un capital social transféré sur le compte de la société en création. Ce capital représentait le budget de lancement qui allait être dépensé en plusieurs mois ou en quelques investissements substantiels. Exactement comme un ébéniste ne fait pas de meuble sans un morceau de bois et de bons outils, votre entreprise ne peut rien produire si elle n'a rien.

Alors, imaginons que nous y sommes. Vous avez pris en compte mon (bon) conseil en faisant en sorte (par des économies qui créent un capital ou par un versement mensuel) que votre petite entreprise ait les ressources nécessaires à son lancement. Désormais, l'erreur à éviter est de mal gérer votre budget, mal suivre vos dépenses ou faire de mauvais choix. Autrement dit, vous tromper dans l'arbitrage de ce qui est important et de ce qui ne l'est pas.

Ne nous voilons pas la face, mal gérer votre budget est grave, car cela peut vous mener à mettre la clé sous la porte prématurément. Comme dans le cas d'un accident de voiture où ce n'est pas la voiture qui est mauvaise, mais son pilotage, de nombreux projets échouent non parce qu'ils sont mauvais, mais simplement parce qu'ils sont mal gérés. Et c'est dommage. Et même si cela ne va pas jusqu'à la faillite, chaque mauvaise dépense, chaque erreur de gestion retarde le moment où votre entreprise deviendra rentable. « Rentable » c'est l'objectif. C'est ce moment crucial où vos entrées d'argent deviennent supérieures à vos sorties, où vous commencez à gagner de l'argent, où votre projet vit de lui-même. Ce moment où vos efforts se mettent à payer.

Gérer son budget consiste à travailler sur plusieurs axes :
- **Les dépenses :** fixes, variables, de fonctionnement (d'exploitation).
- **Les entrées :** prix ajustés, volume adéquat.

Dans mes entretiens avec de jeunes auto-entrepreneurs, l'erreur la plus fréquente est de se mettre des frais fixes sur le dos. Mais, qu'est-ce qu'un frais fixe ?

Un frais fixe est une charge (une dépense) qui n'est pas liée à votre volume d'activité. Vous la supportez que vous ayez des clients ou non. Que vous vendiez ou non. Que vous soyez ouvert ou fermé. Elle vous colle littéralement à la peau, et il peut être très difficile de s'en débarrasser. Elle pèse sur votre budget et c'est LA charge à fuir par excellence, si du moins, elle ne vous est pas indispensable. Elle peut se présenter sous la forme d'un bail (avec les frais d'électricité, d'eau, d'assurance afférents), d'un crédit, d'un programme informatique, d'un abonnement non utilisé, de salariés.

Pour la bonne gestion de mon entreprise, je m'emploie depuis toujours à éviter les charges fixes. C'est un vrai *leitmotiv*. Et, quand je compare mes prix à ceux de mes concurrents, il est clair que nous sommes moins chers et beaucoup plus rentables grâce à cette pratique. Les différences sont évidentes : bureau physique, secrétaires et commerciaux salariés de l'entreprise, font monter les coûts de production et donc les prix des prestations, rendant les formations inaccessibles pour de nombreuses bourses. Sans compter que le risque associé aux charges fixes est élevé.

Il se trouve que l'image d'Épinal, romantique à souhait, du petit commerçant avec pignon sur rue, au cœur d'une vieille ville d'Europe, a encore de beaux jours devant elle. Parmi les personnes qui se lancent dans des sociétés de services (coaching, accompagnement scolaire, massage…), je reçois régulièrement la « bonne » nouvelle, envoyée telle un faire-part de naissance : « J'ai ouvert mon lieu ! ». Eh bien, désolée, cette annonce ne crée pas d'enthousiasme en moi. Je me dis plutôt « Ouh ! C'est risqué ». Car, j'y vois d'emblée une charge fixe, évitable et injustifiée, qui se répètera sans dépendre de la réussite de l'activité.

D'ailleurs, qui sont les auto-entrepreneurs ayant sorti leur épingle du jeu au moment de la crise du Covid-19 et des confinements à répétition ? Ceux qui avaient le moins de charges fixes. Ceux qui pouvaient dire « pas d'activité, pas de dépense ». Bien entendu, reste que l'on désire avoir des rentrées d'argent, mais ne pas avoir de dépenses quand on ne travaille pas, c'est déjà pas mal ! Et pour finir, c'est bien souvent la présence de charges fixes qui empêche l'auto-entrepreneur de prendre des vacances.

À l'opposé des charges fixes, se trouvent donc les charges variables. Croyez-moi, c'est le meilleur type de dépenses que votre entreprise puisse avoir. Elles ne présentent aucun risque. Par exemple, vous donnez une formation et vous louez une salle, vous vous y déplacer, payez le parking et quelques croissants pour les participants. Ce sont uniquement des dépenses que vous n'auriez pas si vous n'aviez pas vendu cette formation. C'est donc facile à équilibrer (mais nous y reviendrons quand même !).

Dans la gestion de mon entreprise, ce sont les dépenses que je privilégie. Par exemple, mon secrétariat est externalisé. Je le paye en fonction des inscriptions qu'il doit gérer. Pas d'inscription, pas de secrétariat. Mon bureau est nomade, je n'ai donc pas de local à payer. Posez-moi n'importe où avec une connexion internet, et je suis opérationnelle. Pour atteindre cette ambition, je dois juste me soucier de digitaliser et archiver correctement mes fichiers pour y avoir accès en permanence. Je choisis chaque fois que possible des abonnements mensuels. C'est le cas de Zoom, puisque je dois interrompre ce service plus de 2 mois consécutifs par an. Mes collaboratrices sont à leur compte et payées selon leur volume de travail. Je préfère les payer plus cher que le marché avec une charge variable, plutôt que moins, avec une charge fixe.
Voilà, quelques-unes de mes charges régulières de type « pas d'activité, pas de dépenses » qui me permettent de me sentir très détendue et heureuse dans mon travail.

Abordons enfin un dernier type de charges que j'appellerai librement « intermédiaires », très utiles, car elles nourrissent littéralement votre projet. Par exemple, vous achetez un ordinateur, un programme de PAO[13], de traitement de texte, vous louez un nom de domaine et les services d'un hébergeur, faites de la publicité sur Google, vous vous formez à mieux communiquer sur votre site ou peut-être vous suivez une formation destinée à ajouter un nouveau produit à votre catalogue de prestations. Waouh, que de bonnes idées ! Ces dépenses sont intelligentes et très intéressantes pour vous qu'elles soient variables ou fixes. Elles vous permettent de progresser, de vendre plus, tout en répondant mieux aux besoins de votre activité ou de vos clients. Quand ces charges consistent en des outils destinés à produire ou à mener votre activité (comme c'est le cas d'un ordinateur), ce sont des « investissements » que vous pourrez amortir. Et bien entendu, si votre investissement est intelligent, il mènera à un retour sur investissement.

À présent temporisons nos pulsions d'achat. Prenez garde à toujours surveillez votre budget. Dans mon domaine qui est celui des formations, je trouve que certaines dépenses devraient être évitées, en tout cas, au moment de se lancer.

C'est le cas des livres. La plupart des professionnels du développement personnel « ne comptent pas » quand il s'agit de livres. Ils les adorent ! Je crois cependant qu'ils ne tiennent pas bien leurs comptes. Combien me diront qu'ils n'ont pas d'argent à investir dans une publicité. Pourtant, leur petite dépense

---

[13] PAO veut dire Publicité Assistée par Ordinateur

de 5 livres par mois à 25€ l'unité, représente 125€ mensuels, 1500€ par an et donc 4500€ sur 3 ans. Autant dire un joli petit budget publicitaire sur Google ou ailleurs. C'est d'autant plus évitable que beaucoup de livres peuvent être empruntés dans des médiathèques, auprès d'amis ou encore achetés d'occasion, avant d'être revendus. De cette manière, il est possible de dépenser pour ce qui en vaut la peine.

Un autre exemple avec le petit matériel comme les cartonnettes, les post-it, les feutres multicolores, les cure-pipes, les feuilles pour paperboard, les marqueurs, et les repas et collations pris à l'extérieur qui font vite monter la note à plus de 50€ par mois, c'est-à-dire plus de 600€ sur une année.

Certaines personnes multiplient d'ailleurs les repas au restaurant. Alourdissant leur budget de 400€ par mois, soit 4800€ par an.

Remarquez que toutes ces « petites » dépenses ne créent pas de valeur et deviennent de grosses dépenses par effet d'accumulation. Un auto-entrepreneur bon gestionnaire devrait les abandonner si ses billes sont comptées.

Afin de bien gérer votre budget et de préserver votre pouvoir d'action en faveur de votre projet, je vous invite à faire ceci. Listez vos dépenses récurrentes dans un format mensuel. Faites le sous la forme d'un tableau à 3 colonnes :
- Nom de la dépense/ Désignation.
- Date (pour vous permettre de maitriser le calendrier de renouvellement).
- Montant mensuel.

Désignation	Date	Montant mensuel
Zoom	10 du mois	14€
Typeform	01.02	21€
...		

Dans les premiers mois de votre lancement, veillez à tenir cette liste à jour. Vous achetez une app ? Notez son prix mensuel. Vous avez acheté 3 noms de domaine pour un total de 30 euros ? Indiquez cette dépense comme un achat récurrent de 2,50€ par mois (attention, souvent les noms de domaine sont moins chers la première année). Vous utilisez Wix avec une offre premium à 160€ par an ? Reportez 13,33€ par mois. Et, ainsi de suite. Faites-le pour toutes vos dépenses, qu'elles soient récurrentes - comme votre abonnement téléphone/ internet - ou plus occasionnelles. Puis, suivez-les. Tous les 3 ou 4 mois, vérifiez qu'elles sont effectivement justifiées : utilisez-vous le service que vous payez ? Si ce n'est pas le cas, et qu'il ne s'agit pas d'une dépense indispensable, programmez l'annulation du service et de l'abonnement associé. Existe-t-il une offre moins chère qui satisferait vos besoins ? Payez-vous des options que vous n'utilisez pas ? Le marché change rapidement. Par exemple, vous pourriez utiliser un certain programme quand un concurrent se met à offrir une solution à un prix 4 fois inférieur. Si votre activité peut se permettre d'abandonner l'utilisation de l'ancien prestataire, faites-le. Mais, prenez garde aux barrières de sortie. Des développeurs leaders comme Adobe® empêchent le départ de leurs utilisateurs, en rendant impossible l'utilisation de leurs fichiers via une application concurrente. Dans ce cas, le passage à un autre prestataire doit être sagement anticipé car vos anciens fichiers deviendront illisibles et inutilisables.

J'applique moi-même ce conseil de suivi des dépenses pour la gestion de mon entreprise. Deux fois par an, en décembre et en juillet, je liste nos dépenses récurrentes. Je repars généralement de la liste précédente et m'oblige à faire le tri, à en annuler certaines. C'est un ménage sain qui me redonne la visibilité et le contrôle des charges qui pèsent sur mon activité.

Établir un budget, c'est obtenir une idée claire de ce que l'on va dépenser, et mettre ceci en lien avec nos besoins et ressources. Il s'agit d'estimer combien nous devons gagner *a minima* pour ne pas « perdre d'argent », en d'autres termes, pour commencer à devenir rentable.

Par exemple, vous avez à présent calculé que votre entreprise dépensait 500€ par mois. Vous savez donc que tant que vous ne vendrez pas pour 500€ mensuel, vous ne serez pas rentable. Et c'est OK de ne pas être rentable au début. C'est à cela que sert le capital dont vous dotez votre entreprise.

L'autre partie de votre budget consiste à anticiper vos ventes. Tâche difficile quand on est « nouvel entrant » puisqu'aucun historique ne peut nous servir de référence. Pour réaliser correctement cette estimation, ne répétez pas les 3 erreurs qui suivent :

Erreur de budget 1 : Prendre un mois d'activité et le multiplier par 12 pour obtenir une idée des entrées annuelles futures.

Le résultat sera forcément faux, car :
- Souvent, on prend son meilleur mois.
- Un mois n'est jamais représentatif de l'année, puisque toute activité est inscrite dans une saisonnalité.
- Tôt ou tard vous serez en congés (c'est en tout cas souhaitable).
- L'environnement change rapidement. L'inflation, les lois, les tendances peuvent impacter soudainement la demande de vos produits.

Pour mieux calculer vos ventes prévisionnelles, utilisez cette méthode :
- Associez chaque mois à un coefficient de performance.
     - 0 s'il n'y a pas de vente ou si vous êtes fermés,
     - 1 pour une demande très basse,
     - 2 pour une demande moyenne,
     - 3 pour une forte demande de vos produits.
- Partez ensuite d'un mois de vente et prenez en compte son coefficient. Par exemple, Septembre avec 2000€ de vente qui est un mois coefficient 3. Il en découle que vos mois coefficient 1 rapportent 666€ (résultat de 2000/3), vos mois coefficient 2 : 1333€, vos mois coefficient 3 : 2000€ et bien entendu, un mois coefficient 0 : 0€.
- Ajoutez toutes les entrées obtenues sur une année. Avec notre exemple, 2 mois à coefficient 0, 2 mois à coefficient 1, 4 mois à coefficient 2 et

4 mois à coefficient 3, donnent un chiffre d'affaires prévisionnel de (1998+5332+8000) 15330 € sur l'année.

- Réduisez ce chiffre de 30%, car vous avez probablement été trop optimiste ! Dans notre exemple, vous réalisez donc 10731€ de chiffre d'affaires la première année.

Je tiens à préciser que les chiffres que j'ai pris, aussi bas soient-ils, sont tout à fait réalistes pour la première année d'un indépendant dans une profession tertiaire. Il est normal de démarrer petit. Il faut du temps pour devenir rentable. Remarquez aussi que nous avons calculé ici un chiffre d'affaires, c'est-à-dire la somme de toutes vos ventes réunies. Il ne s'agit pas de votre résultat (bénéficie ou perte) que nous obtenons après avoir soustrait la totalité de vos dépenses au chiffre d'affaires.

Erreur de budget 2 : Penser que quelques mois suffiront pour devenir rentable.

Malheureusement, le plus souvent, votre entreprise ne sera pas rentable sur sa première année d'activité. Ce qui est plus probable, c'est que vous suiviez un plan comme celui-ci :

- Année 1 et 2 : L'entreprise utilise ses fonds (le capital investi + ce qu'elle gagne) pour se développer.
- Année 3 : L'entreprise a acquis des clients et une réputation. Elle a utilisé tout son capital. Elle utilise ce qu'elle gagne pour rendre durable son développement et commence à rémunérer son dirigeant.

- À partir de l'année 4 : L'entreprise gagne de l'argent, rémunère son dirigeant et réinjecte toujours une petite part de ses bénéfices au profit de son développement.

De nombreux lecteurs se sentent inquiets en lisant ces prévisions. Peut-être, faites-vous partie de ceux qui pensent « Mais, c'est dramatique ! Ça ne peut pas être possible ! Je veux, je dois gagner de l'argent ! » ? Peut-être même pensez-vous que j'ai pris un mauvais exemple ou un exemple qui ne concernera pas votre petite entreprise ? J'aurais pourtant tendance à dire que c'est le plan le plus probable, notamment car c'est celui que j'ai rencontré le plus fréquemment. Il existe bien entendu des exceptions, résultant du marché, du contexte ou des comportements.

1. **L'innovation** : Un service innovant, une idée géniale et créative, une offre qui répond à un problème identifié auprès d'un public en attente d'une solution. Par exemple, je me prête à penser que l'innovation consistant en une peinture à base d'algues vertes servant à repeindre les pelouses brûlées des communes va avoir un succès rapide. En présence des pénuries d'eau, et du besoin de plaire aux yeux des touristes, les villes les plus touristiques sont ravies de peindre leur pelouse, et ceci d'autant plus que le produit est naturel et propice à la reprise du gazon en automne. Également, si une technologie efficace pour attraper les moustiques était inventée, sans créer de résistances ni nuire à la biodiversité, le succès serait rapidement au rendez-vous. Mais, la plupart du temps, l'innovation implique de lourds investissements en Recherche & Développement. Nous sortons donc du contexte

de la microentreprise à l'associé/collaborateur unique, qui est l'objet de ce livre.

2. **Contexte** : le cas de l'auto-entrepreneur ayant un réseau facilement activable, ou disposant d'un prescripteur, et qui va donc développer rapidement sa clientèle. Ou encore l'aubaine (qui pour d'autres est un désarroi) résultant de l'intervention de l'État pour stimuler la consommation de certains produits ou services. En France en 2023, l'État français a décidé de participer aux réparations des appareils électroménagers en panne. C'est une véritable aubaine pour tous ceux qui ont un projet d'entreprise dans le secteur de la réparation. Le marché français est donc désormais biaisé tandis que le marché suisse, reste soumis à la loi de l'offre et de la demande. Des projets d'entreprise dans chacun de ces pays seront à envisager différemment. Pour finir, le contexte peut être un effet de mode, des tendances de consommation qui font que la demande de certains produits ou services devient forte. Le lancement d'activité peut alors se dérouler extrêmement vite. A ce titre, nous avons l'exemple des masques jetables en période de Covid. Le contexte était hautement favorable.

3. **Comportements :** L'auto-entrepreneur qui sait être « radin » autant que nécessaire et minimiser ses dépenses. Par exemple, l'entrepreneur qui ne dépense que dans ce qui crée de la valeur ajoutée, travaille chez lui, se déplace chez le client pour délivrer ses prestations (plutôt que de louer un bureau), se fait connaître en investissant physiquement l'environnement local. Cet entrepreneur-là est dans le juste, car comme son entreprise a peu de dépenses, il se rémunèrera

plus tôt. Sans aller jusqu'à une restriction des dépenses qui pénaliserait le développement de votre entreprise, maitriser vos coûts est un comportement positif. D'autres attitudes telles que l'implication, l'effort consenti au travail, la discipline, l'organisation, la recherche de partenariat, sont efficaces pour accélérer la rentabilité d'un projet.

À l'heure de vous lancer, votre projet réunit donc des atouts qui changent littéralement la donne quant à l'atteinte de la rentabilité. Votre budget prévisionnel vous aidera à piloter votre entreprise jusque-là, et entre temps, il vous faudra tenir bon.

Alors, de combien votre entreprise a-t-elle besoin sur les 2 prochaines années ? Et vous, combien vous faut-il pour vivre ? Combien coûtez-vous ?

Si vous n'exerciez aucune activité avant de vous lancer, vous êtes susceptible de penser qu'en dehors des investissements nécessaires à votre entreprise, vous ne supporterez pas d'autres coûts. Là encore, ce serait faire erreur. Par exemple, très souvent, les dépenses familiales augmentent quand le parent au foyer crée son activité : cantine, crèche, garderie pèsent sur le budget. Il faut le prendre en compte.

Si vous manquez de ressources, une solution judicieuse peut consister à occuper un emploi purement alimentaire sur peu d'heures hebdomadaires. Cela veut dire aussi envisager votre argent de manière globale, car vos dépenses et ressources privées ont un impact sur votre projet. Si vous croyez en votre entreprise, qu'elle vous fait vibrer, alors inutile de compartimenter vos ressources. Activez tous les leviers pour y arriver !

Erreur de budget 3 : « Ça ne coûte rien ! ». Minimiser les coûts est au palmarès des erreurs les plus classiques. Cela implique :

- Des prix fantaisistes, qui génèrent une rentabilité très basse, ou des prix excessifs que personne n'est prêt à payer.
- L'ignorance du coût d'acquisition du produit supporté par le client.

Je vais prendre ici l'exemple d'un produit de l'une de mes concurrentes qui ne se vend pas, ne s'est jamais vendu et ne se vendra jamais. Il s'agit d'un atelier pour parents, de 8 rencontres physiques de 4 heures, pour un total de 320€ minimum, soit 10€ de l'heure.

L'animatrice de l'atelier se dit : « Je vais vendre mon atelier à 320€ à 8 personnes, et je vais gagner 2560 € pour 32 heures de travail, ce qui fait 80€ par heure, c'est super rentable. C'est génial ! ».

Voici ce que notre analyse laisse apparaître : La professionnelle consacrera 1 heure à la préparation de chaque séance, 1 heure de trajet aller-retour, et devra arriver 30 minutes avant sa séance et repartir 30 minutes après. Son temps d'occupation effectif ne sera donc pas de 32 heures mais de 56 heures au total.

Elle louera 8 fois une salle à la demi-journée, pour un coût minimal de 80€ chaque fois (soit 640€). Elle devra payer 8 fois son trajet et son parking, ce qui lui coûtera au moins 20€ chaque fois (soit 160€). Elle devra apporter 8 fois boissons et collations pour ses participants. Estimons ce coût à 80€. Elle payera des photocopies et utilisera du matériel pour 40€ environ. Le total de ses charges s'élèvera donc à 920€ pour délivrer cette prestation. 920€ est son coût de production. En conséquence,

- Pour 8 participants, son CA est de 2560€, son bénéfice de 1640€, soit un revenu de 29€/ heure.
- Pour 6 participants, son CA sera de 1920€, son bénéfice de 1000€, soit un revenu de 18€/heure.
- Pour 5 participants, son CA sera de 1600€, son bénéfice de 680€ soit un revenu de 12€/heure.

Dans le cas où elle devrait faire garder son enfant, elle risquerait de se trouver en perte sur cette opération. En outre, les bénéfices présentés ici sont biaisés puisque nous n'avons pas compté les dépenses usuelles de l'entreprise. Nous réalisons cet exercice afin de mieux comprendre comment appréhender notre offre et les prix pratiqués.

Observons à présente la situation du côté du public visé. Notre animatrice très optimiste avait tendance à se dire « Plein de parents vont être intéressés. 320€ pour 32 heures d'atelier, c'est vraiment peu. » Cependant, les jours passent et l'atelier ne se vend pas. Notre professionnelle se désespère et se demande ce qu'elle a mal fait. Pour le comprendre, il lui faudrait se mettre à la place de son client potentiel et estimer le coût d'acquisition de l'atelier supporté par son client.

Tout d'abord, il faut noter que la plupart des parents renoncent d'emblée à participer, car se déplacer 8 fois est trop contraignant pour eux, et rien ne garantit même qu'ils y arriveront : un enfant malade, un problème de garde, un impératif professionnel pourraient les empêcher de se rendre à plusieurs séances. Mais, une maman intéressée fait ses calculs : « Pour suivre cet atelier, je dois me déplacer 8 fois et faire garder mes enfants. Le trajet, le parking, le baby-sitting et le sandwich que je prendrai sur le pouce vont me coûter environ 675€ au total, qu'il me faut ajouter au

320€ de l'atelier. Cet atelier me coûte donc 995€, sans compter toute la logistique que je dois gérer ! Ouh là ! Je vais commencer par lire un livre ! ».

995€ c'est le véritable coût d'acquisition de ce produit pour cette cliente. Un prix clairement trop élevé pour la plupart des parents. Cela explique que cet atelier ne se vend pas, au grand désespoir des professionnelles qui ont payées plusieurs milliers d'euros pour être en droit de l'animer.

De plus, cet exemple valide ce que nous avions identifié plus tôt. On peut être un bon formateur et un bon didacticien, mais cela ne fait pas de nous un bon chef de produit. La personne qui a développé ce produit de formation n'a jamais fait de marketing. Ce produit ne satisfait aucun public.

Voyons à présent s'il ne serait pas judicieux de proposer un atelier pour parents sous un autre format. Par exemple, un atelier en une journée, pour un prix de 120€. Nous travaillons 8 heures, sommes présents 1 heure de plus sur place, avons un déplacement d'1 heure au total, et un temps de préparation de 2 heures. Le temps d'occupation effectif est donc de 12 heures.

Nos charges sont les suivantes : matériel 20€, collations offertes 15€, parking, 20€, location de la salle 100€ soit un total de 155€.
- Pour 8 participants le CA est de 960€, le bénéfice est de 805€, soit 67€/ heure.
- Pour 6 participants, le CA est de 720€, le bénéfice est de 565€ soit 47€/heure.

Le bénéfice horaire est donc supérieur de plus de 60% à celui de la formule précédente. En ce qui concerne les parents, nous avons résolu la difficulté logistique et celle du prix. Cet atelier trouve donc son public. Enfin, nous avons récupéré 44 heures de travail à consacrer à d'autres tâches ou prestations rémunératrices.

Votre rentabilité dépend donc de ce que vous vendez et de vos vrais coûts de production. Mais, ce que vous vendez doit obligatoirement prendre en compte le coût d'acquisition supporté par votre client. Rien ne coûte rien. Tout coûte, et vous devez donc tout considérer.

Ainsi, vous saurez offrir les bons produits avec des dispositions plaisantes pour le client : estimer votre coût de production, établir des prix cohérents et attractifs, vendre et augmenter vos ventes au fil du temps et dépenser judicieusement. Dotée de ces ingrédients, votre entreprise est sur la bonne voie !

À RETENIR

☆ L'erreur 12 est de mal gérer son budget.

☆ La bonne attitude est :
- o être sérieusement aux commandes de votre budget.
- o fuir les frais fixes si le modèle économique n'en dépend pas.
- o préférer les dépenses variables, et plus généralement celles associées directement au fonctionnement et au développement de votre entreprise.
- o être bien informé de vos dépenses.
- o savoir établir des prix intelligents qui prennent en compte le coût de délivrance d'un produit ou d'une prestation, et le coût d'acquisition pour votre client.

CONCLUSION

Nous voici arrivés au bout de cette aventure. Je voudrais vous rappeler mon objectif : Ce qui a motivé l'écriture de ce livre est mon envie de rendre vos projets réalisables, durables, viables. Je voudrais que toujours plus de projets soient des succès. Je sais quel est le bonheur indescriptible que nous ressentons quand nous avons réussi à prendre notre destin en mains, en nous affranchissant du poids d'être salarié. Je sais aussi combien il est bon pour nous d'exprimer notre créativité, de la pousser, de faire éclore nos idées, d'en faire des revenus de subsistances pour nous et notre famille. Et cela dépasse ce seul sujet, car quand nous nous réalisons dans Notre projet d'entreprise, c'est une nouvelle dynamique personnelle qui s'ouvre à nous, une disponibilité différente pour nos enfants, notre famille, nous-mêmes. Nous découvrons la force et le courage de concrétiser d'autres idées, d'autres rêves et aventures plus personnels. Même notre santé peut s'en trouver améliorée ! Bref, nous sortons toujours grandi d'une expérience dans l'auto-entrepreneuriat. Et, nous le sommes d'autant plus que nous marquons l'essai.

Marquer l'essai. C'est l'objet de ce livre. Gardez en vous l'idée tenace que réussir du premier coup est tout à fait possible et utilisez ce livre (et d'autres) pour vous guider ! Je l'ai voulu simple, accessible, facile à comprendre pour toute personne qui désire se lancer, d'où qu'elle vienne. J'ai pensé à ces milliers de personnes que mes organismes de formation ont déjà formées, et à celles qui m'appellent tous les jours pour me parler de leur projet. J'avais envie de leur dire ce qui les attendait, de leur expliquer ce qu'il leur faudrait faire pour que ça marche.

Utilisez ce livre. Vous savez maintenant où se trouvent les pièges qui jalonnent votre parcours de lancement. Vous savez comment les parer. Si vous l'oubliez, reprenez-le et faites une deuxième lecture.

Adoptez le bon état d'esprit. Créez les bons outils. Mettez en place les bonnes approches, et les bonnes habitudes. Faites en sorte que votre projet rende les gens heureux et donnent une image positive de vous, de vos talents, de votre professionnalisme. Le reste suivra !

J'ai confiance en vous et je vous souhaite une très belle réussite dans le monde de l'auto-entrepreneuriat !

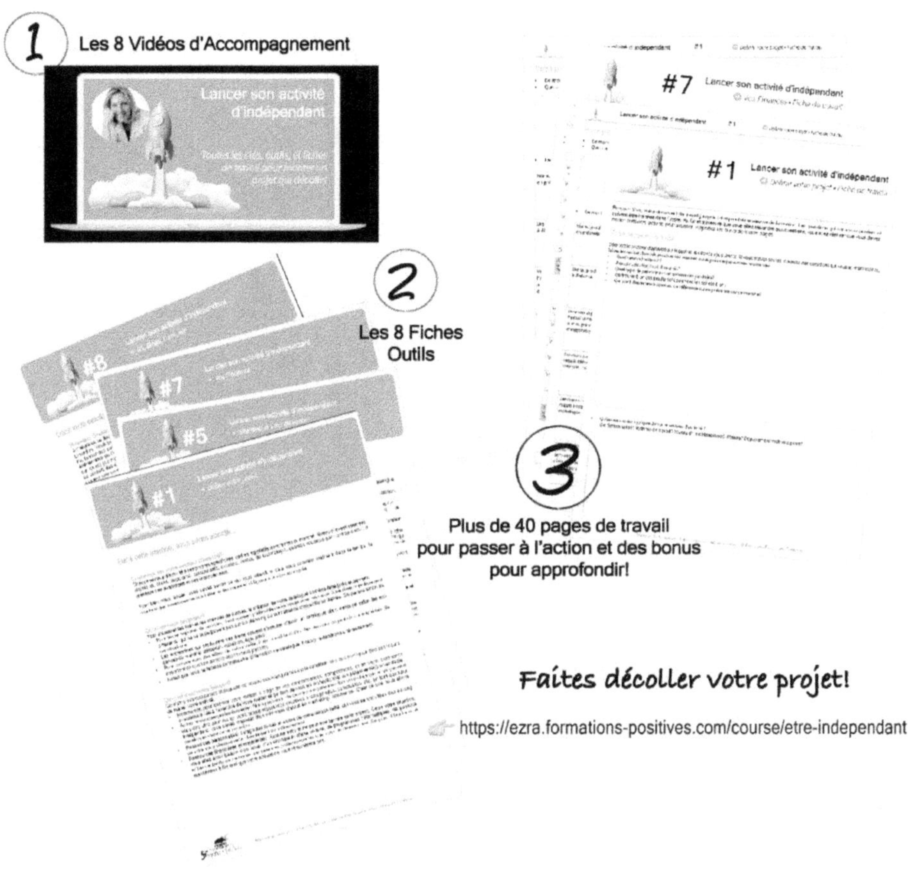

Complétez maintenant ce que vous avez appris avec le programme *Elearning* que j'ai développé pour vous[14]. Vous serez guidé pas à pas, avec des vidéos, la remise des outils, connaissances indispensables, et les fiches de travail pour avancer efficacement dans la création et le lancement de votre projet.

---

14 https://ezra.formations-positives.com/course/etre-independant